Guide pr[atique] des réseaux sociaux

Twitter, Facebook... des outils pour communiquer

Marc Fanelli

DUNOD

© Dunod, Paris, 2010

ISBN 978-2-10-054730-2

Table des matières

Chapitre 1
Un web communautaire

Chapitre 2
Présentez votre activité

Chapitre 3
Quels sites choisir si je suis... ?

Chapitre 4
E-marketing non, social marketing

Chapitre 5
Votre campagne online

Chapitre 6
Enrichissez l'expérience de votre visiteur

Avant-propos

nternet ne cessera jamais de nous passionner car c'est notre construction commune à tous, citoyens de la Terre. Il est comme un désert devenu mégalopole en moins de vingt-cinq ans. En y déposant les informations de notre civilisation, il est devenu le lieu de consultation de l'information le plus riche à ce jour. Très vite, on a pu y discuter et montrer qui on est au monde entier alors on s'y est donné rendez-vous entre amis des quatre coins du globe. On a même fini par s'y voir et s'y parler en direct, incroyable ! Aujourd'hui, on s'y téléporte si facilement que nous voulons tous y siéger et contribuer à son développement, sûrement par peur de sombrer dans l'isolement et l'ignorance... En reproduisant notre monde réel sans frontières, c'est devenu notre endroit de communion favori. Les cafés, discothèques et lieux de rencontre du milliard d'habitant de cette planète s'appellent les réseaux sociaux. On y commente nos vies, on y échange et change le monde sans même s'en rendre compte. D'ailleurs, sans ces endroits chaleureux qui s'agrandissent de jour en jour, cet internet serait encore au stade de musée, comme une gigantesque avenue sans passants.

Personnellement, je me suis intéressé au « www. » par simple curiosité il y a une dizaine d'années pour remplacer ma boîte à lettre et discuter sans payer le téléphone, un luxe de pays développés car l'ordinateur représentait déjà un certain coût. J'ai finalement trouvé une solution pour : être joignable, chercher quelque chose, faire du shopping, me tenir informé et partager depuis n'importe où. Grâce à cette grande communauté online, je me sens moins seul devant un ordinateur que devant une émission de télévision : on peut réagir directement et échanger nos avis. Pour ma musique, j'y ai vu une alternative gratuite au cercle habituel fermé « signature dans un label>sortie Cd>promotion dans les grands médias ». Internet c'est un public qui est là, assis chez soi ou à son travail, et dehors depuis que les téléphones sont « smart-phones ». Pour me présenter en ligne et séduire les internautes j'ai donc dû apprendre à me servir de ce précieux outil, à devancer les tendances et à identifier les habitudes des internautes pour obtenir un impact immédiat. En tant qu'auto-entrepreneur avec peu de moyens pour développer mon activité de webdesign, multimedia et e-marketing, j'ai appris à réaliser un site internet, produire du contenu et véhiculer un message, montrer mon expertise et m'approcher des clients. Tout a changé si vite que beaucoup se retrouvent en marge d'internet et ne savent plus comment agir. On savait déjà qu'un bon référencement*[1] sur le net est aussi efficace qu'une publicité TV ou radio, mais on vient de comprendre que les réseaux sociaux peuvent offrir de la publicité gratuite. Beaucoup assimilent encore les réseaux sociaux aux simples sites de rencontre, mais que peut-on y voir d'un point de vue professionnel ? Des personnes qui y passent tous les jours de plus en plus de temps et qui sont influencées par ce que leurs amis publient pour consommer. Avoir un retour direct sur son activité et identifier sa clientèle sont des privilèges dont on ne peut se passer pour devenir le meilleur dans son secteur. Au début d'internet, j'ai eu une adresse internet : un site. Mais à part comptabiliser le nombre de visites et le nombre de ventes faites, que pouvais-je en tirer ? Je préfère donc me servir des sites et blogs communautaires qui relient le monde entier pour engager, questionner,

---

1. Les mots ou expressions suivis d'un astérisque sont définis dans le lexique de fin d'ouvrage.

et agrandir ma base clients à toute heure de la journée. Si vous avez une activité à promouvoir, il faut immédiatement vous lancer. Et vous savez pourquoi ? Car si le client est roi sur le marché, il est empereur sur internet. Il se balade, choisit un produit qu'il aime et en parle avec ses amis. Et ce produit, ce pourrait être le vôtre.

Introduction

La nature, pour être commandée, doit être obéie. »
Francis Bacon, *peintre anglo-irlandais.*

E n 2010, on compte environ 1,65 milliard d'utilisateurs d'internet, soit un quart de la population mondiale, et selon un rapport d'analyse du cabinet Forrester, d'ici à 2013, le nombre d'internautes aura augmenté de pratiquement 50 %. Avec le développement de la Chine, l'Asie sera le premier foyer d'internet (50 % des utilisateurs). L'Europe comptera 22 % des surfeurs, les États-Unis 13 % et l'Amérique Latine, 11 %. Aussi, l'Afrique et le Moyen-Orient gagneront 13 % d'utilisateurs. En France, 73 % de la population utilisera internet en 2013, contre 60 % en 2008. Internet a réussi à devenir en moins de vingt ans la plus grande communauté humaine capable de contourner les limites du temps et de distance, ce qui explique son succès. Dans un avenir très proche, avec le développement des équipements (ordinateurs, smartphones, consoles de jeux vidéos, etc.) 100 % de la population des pays développés ne pourra sûrement plus se passer de ses fonctions de communication, consommation de médias et d'information en temps réel.

◗ Internet et web

Internet tel qu'il a séduit le peuple (entendez par là, l'ensemble des citoyens) est en réalité une des fonctions d'internet qui porte le nom de World Wide Web : WWW, né en 1993. C'est un système qui permet de consulter à l'aide d'un navigateur* des pages mises en ligne dans des sites internet. On parle de « toile » car les liens (« hyperliens ») qui rassemblent les pages web entre elles renvoient l'image d'une toile d'araignée dans laquelle nous sommes tous tombés. Avant 2004, nous avions un internet statique, une bibliothèque de données en ligne occasionnellement mise à jour, mais les entreprises l'avaient quand même adopté pour ses capacités de réseau : tous les employés sont reliés entre eux et se partagent les différentes informations de la société. Les internautes *lambda*, eux, ont tout de suite aimé le côté pratique de ses fonctions de messagerie (outlook, mail, hotmail, etc.) et de la messagerie instantanée (IM) avec, par exemple, le célèbre MSN Messenger permettant de discuter en temps réel avec un autre internaute (le « chat* »). Acheter un ordinateur était encore un luxe, pas une nécessité. Autre point fort d'internet, le site qui permet de se présenter en www.monsite.com, une aubaine pour toute personne ou entité souhaitant afficher publiquement ses services et son histoire. Une solution très chère à l'époque : sans un programmateur et un graphiste il est difficile d'y accéder. Aujourd'hui les prix des professionnels de la création ont baissé et surtout des solutions tierces existent, **voir chapitre 2**.

◗ Un système collaboratif

Fort de cette communauté grandissante avec la multiplication de l'équipement (hausse du débit, cybercafés, baisse du coût de l'abonnement internet, etc.) le web mondial a très rapidement diffusé sur nos ordinateurs une culture de la publication :

– Coopérative d'une part avec le blogging, qui permet de lancer un blog* ou journal en ligne accès sur le commentaire d'actualité publique et privée, mais aussi les forums, groupes et Wikipédia par exemple, un dictionnaire créé par les internautes qui depuis est devenu plus populaire que le Petit Robert !

– Personnelle d'autre part avec, entre autres, la publication de photos sur des espaces en ligne fournis par Yahoo! ou Windows. La communauté prend l'habitude de s'envoyer des e-mails avec les liens vers ces espaces personnels plutôt que d'inclure les photos ou les articles en pièces jointes, c'est le début du partage de la publication en ligne.

La notion de « public » est ce qui motive une grande partie des internautes : ce que l'on publie peut être visité de partout dans le monde. Pourquoi un tel engouement ? S'exprimer est simplement un gène humain !

▶ Poste-à-Poste

Le fait de pouvoir téléphoner par ordinateur a également été un élément clé de l'intérêt grandissant pour internet avec notamment le service Skype, à l'origine Sky-peer-to-peer, apparu en août 2003, qui permet d'appeler gratuitement lorsque ce programme est installé sur les deux machines qui souhaitent se contacter (déjà 100 millions d'inscrits en 2006). Ce service se sert du poste-à-poste, (le peer-to-peer en anglais), un modèle de réseau informatique permettant la communication et le célèbre partage de fichiers. Il n'est pas anodin d'ailleurs que ses créateurs soient aussi ceux qui ont lancé Kazaa, site de partage de fichiers et de médias entre des ordinateurs connectés à internet. En effet, dès 1999, avec le développement de l'ADSL (le haut débit) et l'apparition de Napster, une application de peer-to-peer, il est donc possible de recevoir et d'envoyer tout type de médias d'un ordinateur à un autre. C'est au début lent, il faut des jours entiers pour recevoir un film mais c'est une révolution, on comprend que le web permet bien plus que des écrits. La vidéo *via* la webcam (la camera d'un ordinateur) se greffe d'ailleurs à Skype et bat son plein sur les programmes de messagerie instantanée. Aussi, l'intérêt des CD et DVD se réduit avec les capacités de stockage des ordinateurs et de lecture des médias sur un ordinateur qui peut se doter d'enceintes et d'un écran chaque fois plus grand, mais les internautes en veulent déjà plus…

▶ 2004 : interactivité

En 1999, Darcy DiNucci dans son article « Futur fragmenté »[1] avait tout prédit : « Le web statique que nous connaissons qui se charge dans un navigateur est un embryon de ce qui arrive. L'interactivité est la prochaine étape. Il s'intégrera à votre TV, l'écran de votre voiture, votre téléphone, votre console de jeux… »

En 2004, les capacités de ce nouveau moyen de communication sont loin d'être pleinement utilisées. Communiquer est une excellente chose, si bien que le mail a complètement remplacé le courrier trop lent et payant mais les internautes attendent la mise à disposition de médias traditionnels, ceux des journaux, de la radio, la télévision et du cinéma. Des employés de Paypal, un site qui permet le paiement en ligne, vont y penser et sortiront en 2005 Youtube, un site qui met en ligne des vidéos : clips, émissions TV, reportages, extraits de films, interviews. Le succès est immédiat. C'est le streaming*, la lecture gratuite de médias online.

▶ L'annuaire Google

Parallèlement, un moteur de recherche* du nom de Google compte en 2004 près de 8 milliards de pages web et 1 milliard d'images répertoriés (20 à 30 milliards en 2010). Il se place en index complet du web devant Yahoo!, un passage obligé pour tout internaute faisant une requête. La recherche d'informations devient donc rapide et efficace : les mots-clés renvoient à des articles et images qui les mentionnent.

---

1. Darcy DiNucci, « Futur fragmenté », 1999.

Plus de doutes, ce contenu web doit être actualisé tout le temps pour dynamiser les visites et intéresser les lecteurs. Or, sur le net rien n'est obligatoire, tout se fait naturellement, les techniciens du web sont avant tout des passionnés d'internet.

▶ 2.0 ?

Le meilleur moyen d'intéresser quelqu'un est de le faire participer, de lui donner l'impression de faire partie d'un processus. Lors d'une conférence devenue historique tenue par O'Reily Media, on parle désormais d'internet comme d'une plateforme d'échange où les programmes sont bâtis sur la base du web et non seulement sur celle du Bureau d'un ordinateur, espace privé d'un internaute. Ce changement sous-entend une architecture de participation prévue par les sites internet pour inviter l'utilisateur à se manifester : commentaires, publications diverses. L'activité des utilisateurs crée donc une valeur ajoutée : idées, textes, vidéos, photos, toutes ces publications de la communauté enrichissent le web et renseignent les entreprises dans ce vaste marché jusqu'à là dénués de repères concrets. Contrairement au web 1.0 qui désignait ce world wide web où seule l'esthétique d'un site internet primait, surgit le web communautaire, deuxième version qui prend en compte l'interaction et qui va tout faire pour effectuer la transition : le 2.0. Terry Flew, professeur à l'université Creative Industries constate un passage du site personnel vers le blog, de la publication à la participation, du contenu au tagging* : le fait de relier les publications à des mots-clés pour mieux les retrouver lors d'une recherche (un internaute tape des mots-clés sur la barre de recherche pour trouver quelque chose).

Pour aller + loin web 2.0

Le web 2.0 que toute la planète utilise depuis s'articule autour des fonctions suivantes :

– L'édition : il est possible de commenter des articles d'un blog ou d'éditer du contenu publié comme sur Wikipedia, un dictionnaire réalisé par les internautes.

– La recherche : elle est lancée par mots-clés sur un moteur de recherche (comme Google ou Yahoo!) qui va trier les résultats en fonction de leur pertinence. Le tag, les mots-clés reliés à une publication, deviennent un élément phare pour être bien référencé sur les moteurs de recherche.

– Les extensions : ce sont les programmes qui transforment le web en plateforme tels que les plug-ins des navigateurs ayant pour but de faciliter la visite d'un internaute sur le web.

– Les alertes : les possibilités d'être tenu au courant par e-mail ou *via* le navigateur des résultats d'actualité d'un site ou d'un mot-clé. Avec le RSS par exemple.

❱ Internet au centre de nos vies

L'internaute est reconnu comme collaborateur numéro un du web et tout est fait autour de lui par les développeurs, les constructeurs du web, pour l'engager à modifier le contenu d'un site internet alors qu'avant le visiteur était cantonné au rang de simple lecteur. Il ne s'agit pas d'une avancée technique car c'est toujours le même web, mais plutôt d'une évolution logique d'internet, ses utilisateurs voulant simplement person-naliser leur navigation. Nous avons donc en 2004, année charnière, un web rapide et étendu au monde entier. Tout y est universel. L'ordinateur devient un équipement aussi important qu'une TV et le haut débit et les formules appelées « convergences de télécommunications » réunissant Adsl, téléphonie et TV répondent à la volonté des internautes d'être relié à cette passionnante communauté mondiale et à ce nouveau relais d'information.

❱ L'arrivée du web communautaire

Les espaces personnels de publication existaient déjà sur Windows Live, Hi5 ou Skyrock où il était possible de créer sa page et de publier photos et articles. Il s'agit de blogs ouverts aux autres utilisateurs de la même plateforme. La personnalisation de l'espace n'était pas très variée et c'est ce qui va les laisser sur la touche dans leur version d'origine… Le fonctionnement est le même avec l'arrivée de Myspace. com en 2004 : on dispose d'un espace gratuit, on y publie ses photos, des articles, ses goûts, et en plus on peut publier de la musique et ajouter des « amis » dont on peut commenter les publications, et avec qui on va ainsi facilement garder contact. On peut cette fois-ci partager tout ce que contient le web et personnaliser davantage son espace. Le succès mondial de ce site s'explique par le nombre d'inscrits qui va créer un phénomène d'ensemble que les jeunes du monde entier veulent intégrer. Sa prise en main directe du web est appréciée : la plateforme, dans sa première version, centralise toutes les fonctions basiques qu'attend un internaute : blog, e-mail, publication de liens, photos, musique, commentaires, mise en relation directe avec ses amis et adresse myspace.com/utilisateur visible par tous les intervenants. L'internaute ne veut plus d'un web sans vie, et Myspace et ses centaines de millions de membres lui donnent le sentiment de partager, de rencontrer, et de se faire connaître.

❱ La relation directe

En 2006, Myspace intègre le chat, autre fonction chérie du web. Ce web social qui va prendre exemple sur Myspace est donc une étape supplémentaire vers la navigation simplifiée : elle regroupe tout ce dont a besoin un internaute : se présenter, s'exprimer et interagir. La communauté mondiale s'y inscrit, communique et va partager tous ses liens favoris du web provenant de l'information « réelle ». L'équivalent d'MSN, l'e-mail et le partage de liens se font donc en communauté, ce qui est plus pratique pour l'internaute qui n'a plus besoin de jongler entre plusieurs programmes. Les réseaux sociaux sont des plateformes virtuelles qui ironiquement mettent en relation directe mieux que dans le monde réel des personnes physiques et ce grâce à des outils préparés par des développeurs. Depuis, c'est le succès total pour ce web social qui empreinte plusieurs visages : Facebook, Twitter, Linkedin… Et avec l'arrivée des smartphones, véritables ordinateurs de poche comme l'iPhone (plus de 3 millions d'utilisateurs en France, en 2010), le web communautaire continue son chemin dans la rue.

▶ L'intérêt de ces réseaux ?

Bien sûr, une communauté de plus d'un milliard d'actifs interconnectés plus de 8 heures par jour est un véritable marché pour toute société souhaitant promouvoir et vendre ses produits et services. Pour l'instant, il y a plus d'utilisateurs de téléphones que d'internet mais pour proposer un service, les tarifs sont plus chers et il faut pouvoir obtenir l'aval payant des distributeurs. Sur internet, avec moins d'un euro par mois je peux héberger mon site. Et dans l'ère des smartphones (téléphones capables de surfer sur internet et d'accueillir des applications), ce sont tous les consommateurs qui sont connectés tout le temps. Beaucoup de marques l'ont compris et font évoluer leur site internet vers du 2.0 ; mais d'autres sont en retard et n'ont pas encore pris ce TGV de la communication. Bilan : ils restent encore sur le quai et ne profitent pas de cette mine d'informations et de clients potentiels joignables à coût zéro.

▶ Obama, la présidence grâce aux réseaux sociaux

Des succès de marketing online* il en existe tous les jours mais le plus marquant, n'est autre que la victoire d'Obama, qui a réussi à accéder à la présidence des États-Unis en 2009 grâce, notamment, au web social. Sa page Facebook, son compte Twitter et son Blog lui ont permis de capter l'attention de millions de personnes qui auraient pu passer à côté d'affiches dans la rue. C'est ainsi qu'il a diffusé son message positif « Yes we can ». En janvier, Barack (et son équipe web pro-active) comptait plus de 152 000 followers* sur Twitter, environ 3 600 000 fans* sur Facebook et plusieurs vidéos postées sur Youtube. Sa meilleure idée fut de lancer le site Change.gov, un site 2.0 invitant les lecteurs à devenir acteur de la politique en postant leurs souhaits et avis « Vos histoires et vos idées peuvent changer le futur de ce pays. Lorsque nous nous réunissons pour un même but, de grandes choses sont possibles ». Le message est convaincant : participer à l'avenir d'un pays et par extension du Monde est un projet intéressant ! Le but est en réalité de diffuser une image sans failles pour assurer sa popularité, donc des votes et un poste au pouvoir. Bien sûr, dans cet ouvrage nous n'allons pas nous comparer au budget d'une campagne électorale, mais même si vous êtes seul ou en petite équipe, une promotion efficace et gratuite est possible en ligne. S'inscrire sur un réseau social ne coûte rien et créer plusieurs comptes non plus, sauf du temps. Proximité, parole au public, discussion sont les bénéfices du web car ne faire que du « Moi et mon entreprise » a fini par lasser les gens. Penser que cet engouement pour Facebook et les autres… est anodin serait naïf, il s'agit pour toutes les sociétés de gagner des parts de marché avant que tout ne soit, peut-être, payant.

Résumé

L'objectif de cet ouvrage n'est pas uniquement de faire une liste des sites internet communautaires actuels et d'établir leurs spécificités car très vite d'autres plateformes existeront. Sur internet, vous êtes d'ailleurs dans l'obligation de suivre constamment les mouvements des internautes. En revanche, il est primordial d'apprendre à dominer ce web de la communauté à l'aide de nouvelles techniques marketing et d'outils en ligne même s'ils sont eux aussi en constante évolution. Vous apprendrez ainsi à vous familiariser à cet univers à part et à intégrer votre activité professionnelle dans l'intimité des cafés virtuels que sont les réseaux sociaux. Toute entité professionnelle (auto-entreprise, artiste, artisan, PME, etc.) va ici développer sa communication dans le but de s'imposer en tant que leader d'un mouvement très jeune de réunion universelle. C'est le moment de prendre une place dans le plus grand centre commercial de la planète qui compte déjà plus de 25 % de la population mondiale. Avec les réseaux sociaux la discussion humaine est à cœur ouvert, vous pouvez donc participer, faire réagir et réajuster votre produit pour qu'il séduise sa cible.

Un web communautaire

Sommaire

« Un réseau social est une structure sociale faite de nœuds qui sont généralement des individus et des organisations. Il représente des flux et des relations entre les gens, les groupes, les organisations, les animaux, les ordinateurs et les autres processus identitaires d'information et de connaissance. » J. A. Barnes[1].

La notion de réseau social est aussi vieille que l'histoire du monde, elle définit un ensemble réunissant des individus qui vont ainsi communiquer, peu importe la manière. On parle de « social » par déclinaison du mot « société » car c'est l'existence de relations entre les êtres vivants. Dans le monde réel, celui dans lequel nous respirons, une université, une équipe sportive ou une discothèque sont des réseaux sociaux où des hommes sont des membres et partagent une expression de leur existence. L'appartenance à un groupe est un fondement du réseau social même si cette « inscription » à l'ensemble peut être occasionnelle. La société humaine n'est faite que de micro ou macro-unités et internet, produit humain, a naturellement intégré la notion d'ensemble à l'ordinateur pour en faire une télévision animée dans lequel nous, citoyens du monde ayant accès à une connexion, pouvons entrer. Un rêve que nos parents ont toujours eu devant l'écran de télévision de leur salon…

Place à l'internaute

Si le world wide web est une « toile », c'est-à-dire la réunion des liens entre toutes les pages qui forment cette vaste bibliothèque de connaissances, le réseau social désigne la participation active de tout être humain dans cet univers virtuel. Le web 2.0, a désigné une nouvelle génération de sites et d'applications qui permettent aux internautes de partager du contenu et de collaborer en ligne. Avant, l'utilisateur était

---

1. J.-A. Barnes, « Class and commitees in a Norwegian island Panish », *Human Relations*, n° 7, 1954.

devant son ordinateur comme devant la presse écrite et la télévision : simple lecteur et ses avis se transformaient en courrier des lecteurs avec la lenteur d'exécution et de réponse que cela implique. Dans le 2.0, l'homme est au cœur du projet internet, il est acteur et producteur public s'il le souhaite. Tout est fait pour lui : co-conception de sites, personnalisation des contenus, partage d'informations avec d'autres internautes. Le navigateur, outil principal qui permet de visiter le contenu d'internet, progresse ainsi chaque jour pour offrir des outils clés en main. Ceux qui contribuent à cette évolution sont des développeurs qui connaissent les langages de code informatique. Ce sont des internautes qui écoutent les autres internautes.

Des termes phares du web 2.0 :

– **User centric** : l'internaute est au cœur de l'entremêlement du web, le but étant de lui faciliter sa visite.

– **Applications et widgets*** : ce sont des programmes fonctionnant sur le navigateur, le smartphone et/ou le bureau d'un ordinateur qui intègrent les informations d'un ou de plusieurs sites internet pour être en relation directe à tout moment.

– **Crowdsourcing** : « l'apport du peuple », tous les sites qui proposent aux internautes de publier leur expertise pour enrichir le web.

Convergence numérique

Selon Gilles Leblanc[1] : « La convergence représente à la fois la compatibilité potentielle d'un très grand nombre de services et la multiplication du nombre d'équipements, les deux étant intimement liés. C'est parce qu'un mobile peut être compatible avec un PC qu'il y a convergence des télécoms et de l'informatique. » Ce sont

---

1. Olivier Bomsel, Anne Gaëlle Geffroy, Gilles Leblanc, *Modem le maudit Economie de la distribution numérique*, Presses de l'école des Mines, 2006.

donc des solutions permettant de connecter les différents univers numériques :

– une console de jeux vidéos avec internet (la Xbox ou la Playstation par exemple) ;

– un téléphone avec la TV et internet ;

– un ordinateur avec des chaînes de TV.

Dans un cadre de révolution numérique, il est indispensable d'adopter des approches « transdigitales » qui relient les contacts *online* et *offline (sur internet et en dehors)* car, par exemple, une radio donne rendez-vous sur son web ou son application mobile. Dans ce contexte de communication à 360°, les outils de mesure et d'analyse se perfectionnent pour intégrer la variété des modes de communication online. Ils permettent de comprendre le comportement des internautes, de mesurer l'impact des communications digitales et leurs interactions avec les médias traditionnels et de mettre en place des plateformes participatives pour récolter l'information d'une autre manière. Cette notion de convergence numérique fait du web le principal vecteur d'information et donc de communication. Une entreprise se doit de suivre l'équipement de sa cible pour la toucher. C'est pour cela que des postes comme « développeur web », dont la vocation est la production d'applications web (téléphonie et ordinateur), ont été créés dans les années 2000. Quelle entreprise pourrait continuer d'ignorer cette invasion digitale dans la vie d'un consommateur ? Aucune bien sûr.

Le premier pouvoir du peuple

En 1964, Marshall MacLuhan[1] disait : « Nous allons passer d'une civilisation de média chaud et de spectateurs froids à une civilisation de média froids et de spectateurs chauds. »

---

1. Marshall MacLuhan, *Understanding Media: the extension of a man*, Mc GrawHill, 1964.

Internet a tellement fait place à l'utilisateur qu'une recherche Google mélange des résultats « professionnels » issus de l'AFP (Agence France Presse) à des articles de blog, des vidéos personnelles et commentaires d'un internaute inconnu. Et les réseaux sociaux ne sont autres que les créateurs de ces résultats : un utilisateur a décrit son approche d'une information, vraie ou fausse d'ailleurs, *via* une inscription à un site communautaire. Cela peut être la publication d'une vidéo sur Dailymotion, un commentaire qu'il a laissé sur un article du journal *Le Monde.fr*, ou une photo postée sur son blog. Dans ces trois cas, l'internaute s'est inscrit à une plateforme réunissant plusieurs membres et a contribué à l'enrichir. Le poids de la communauté est tel que les différentes entités essaient désormais de la contrôler, avec difficulté. Ceci explique l'intérêt générale, des entreprises, des politiques et des internautes, pour les réseaux sociaux que personne ne peut en réalité maîtriser car le mode de conception et de création du web ne répond à aucun système prédéfini : il n'y a pas de chef sur internet, il y a seulement un groupement de bénévoles à son origine (l'IETF, Internet Engineering Task Force, né en 1986).

▶ Qui contrôle le web ?

La police n'a pas encore réussi à y faire son entrée, elle n'arrive pas encore à traverser les frontières (par exemple en Italie et en Chine on interdit Youtube grâce aux opérateurs qui sont du domaine public, mais dans le reste du monde, ces sites sont accessibles), et la liberté totale exercée par le roi du web : l'internaute, remet en question le pouvoir des médias contrôlés : la radio et la TV. Twitter est souvent la seule expression démocratique de pays en crises et des groupes racistes sont tolérés sur Facebook. Aussi, un utilisateur d'internet qui publie une vidéo peut parfaitement décider de laisser visible des commentaires nuisibles écrits par la communauté. Un blog, par ailleurs, est très rarement contrôlé, on y écrit ce que l'on veut sans se soucier des droits d'auteur ni même de la véracité des propos tenus. Le développement du règne de l'internaute est de fait un danger pour les institutions étatiques et un impensable mégaphone pour l'opinion publique. Les États ne peuvent plus l'ignorer, et les hommes commencent à comprendre que refaire le monde ou du moins y apporter quelques pierres, puisqu'ils en sont les maîtres, est possible.

Pour Serge Soudoplatoff, fondateur d'Almatropie (blog dédié à convaincre de l'importance d'internet), nous sommes en 1500 avant Jésus Christ quand l'alphabet naissait. Il y a ceux qui ne veulent pas apprendre ce nouvel outil, qui jugent ce langage inutile (les Égyptiens à l'époque par exemple), et il y a les autres qui y voient un espoir de meilleure communication (les Grecs) : bilan les Grecs savaient déjà que la Terre est ronde en -800 grâce à l'alphabet !

La connaissance collective véhiculée par les médias conventionnels est aujourd'hui perpétuellement remise en question et commentée par une discussion « horizontale » du peuple par opposition à la vérité « verticale » qui avait régné depuis la nuit des temps : le chef en haut qui sait, et le peuple en bas qui ne sait que ce que le chef affirme. Le peuple a donc à ce jour un vrai pouvoir entre les mains : celui d'être entendu par tous.

Après le forum, le réseau

Le web social est la valeur de l'échange de « passionnés » en réseau. L'internaute souhaite prendre la main sur le web avec sa souris pour s'exprimer sur ce qui l'interpelle et l'intéresse. Cela avait commencé avec les forums et groupes de discussion qui sont une conversation dynamique à propos d'un contenu. On s'inscrit avec son e-mail et on peut publier texte, photos et liens du web avec les autres membres. Les passionnés et utilisateurs d'un produit ou d'une idée s'y retrouvent et des centaines de milliers de visiteurs deviennent lecteurs et interagissent. **Je sais : je partage, je ne sais pas : je demande.** Cette culture est devenue habitude aujourd'hui et c'est pour cela que les réseaux sociaux sont naturellement apparus.

Les réseaux sociaux du début des années 2000 sont la continuation du forum : une plateforme, ou interface, intègre les fonctions du forum de discussion et y rajoute d'autres fonctions comme la messagerie instantanée ou la recherche de contacts. Le mode d'inscription est le même, par e-mail. On y retrouve l'avatar, c'est-à-dire la petite photo de profil* que l'on affiche publiquement, et une communauté connectée en réseau. Ceci dit, le forum continuera d'exister car l'internaute peut rester caché anonyme *via* l'utilisation d'un pseudonyme, ces noms inventés que l'on se donne sur le chat de MSN, Caramail ou dans tous les forums pour cacher sa véritable identité (ex : « jaguar93 »), et ainsi dire ce qu'il pense vraiment.

▶ Plus seulement un site de rencontre

La recherche de contacts apparentée au site de rencontre amoureuse devient avec Copains d'avant (site où les anciens élèves d'un établissement scolaire peuvent se retrouver) en 2001 moins négative, ça n'est plus « je drague » mais « je recherche un ami perdu de vue ». Cette mutation va être un élément déclencheur de la démocratisation des réseaux sociaux. On y rejoint désormais ses amis à travers le monde même si on peut toujours y faire des rencontres amoureuses. L'utilisateur peut afficher son véritable nom alors que jusque-là c'était le règne du « pseudonyme ». S'inscrire à ces communautés gratuites devient un acte citoyen sérieux et on donne l'URL* de sa page ou son nom à ses amis et nouvelles rencontres au même titre qu'un numéro de téléphone.

Les fonctions d'un réseau social

Chaque site communautaire a des fonctions propres comme peuvent l'avoir les différents ensembles d'une société. Une école n'a pas la même vocation qu'une discothèque. Sur internet, seule la rencontre entre humains est commune à tous. On peut parler de réseau social dès que deux internautes échangent ou partagent grâce à une plate-forme du web construite dans ce but, mais nous n'allons retenir ici que celles qui regroupent des millions d'utilisateurs. Leurs fonctions principales sont de relier des amis et personnes du monde entier qui vont discuter, produire et partager de l'information. Et c'est cette intimité publique croissante qui devient une nouvelle réponse aux entrepreneurs cherchant de la visibilité et des clients. Il s'agit en réalité d'un site internet dans lequel un internaute va s'inscrire, devenir membre. On parle de plateforme car c'est un site « prise en main directe » dans lequel l'utilisateur navigue.

Cette plateforme se caractérise généralement par :

– un espace public appelé Profil, personnalisable ;
– un moteur de recherche des contacts ;
– un bouton d'ajout de contacts ;
– un système de confidentialité ;
– un système de messagerie instantanée ;
– un système d'invitation à rejoindre la plateforme pour les contacts privés de l'utilisateur ;
– un mur* de publication pour partager des liens web avec la communauté et interagir publiquement ;
– un système de microblogging* : les mises à jour ou updates*, les gros titres du journal de publication de chaque membre.

L'inscription

Le site communautaire demande à la personne souhaitant s'inscrire plusieurs informations privées, mais et il est possible de renseigner de faux éléments comme un e-mail et un pseudonyme créés pour l'occasion par exemple. Il s'agit là d'un véritable questionnaire marketing qui va servir à alimenter la base de données du réseau pour permettre une recherche plus précise de la part d'un autre utilisateur. En réalité, c'est surtout le moyen de monétiser pour le réseau communautaire car l'inscription est gratuite. Il va ainsi mieux identifier ses utilisateurs et puiser dans son listing pour orienter la publicité vendue à des tiers.

Les informations demandées à l'inscription :

– nom et prénom ;

– date de naissance ;

– e-mail ;

– photo dont l'utilisateur est le seul responsable (l'usurpation d'identité est interdite et peut être condamnable, un homme se faisant passer pour le frère du roi du Maroc en a par exemple payé les frais en prison…) ;

– adresse ;

– informations annexes que vous renseignez si vous le souhaitez seulement : les goûts (films préférés…), appartenance religieuse, orientation sexuelle, etc.

Conseils pour développer sa présence dès l'inscription

– Ajouter les profils influents : ceux qui ont le plus d'amis, publiez votre activité sur leur mur pour être vu par le plus grand nombre
– Rejoignez les groupes, pages et profils dans votre secteur d'activité à l'aide du moteur de recherche du réseau
– Retrouvez vos anciens collègues, le but est de renforcer votre réseau professionnel
– Accompagnez votre mise à jour d'une belle photo, une belle vidéo, etc. privilégiez un contenu de haute qualité
– Envoyez des messages en one-to-one (mail direct à un contact) pour remercier personnellement d'entrer dans votre univers ou poser une question, c'est le meilleur moyen de nouer des relations et d'être sûr qu'une personne lise votre information.

Pour aller plus loin : plus de vie privée ?

Les réseaux sociaux vendent-ils ces informations privées à des entreprises ?
Oui, du moins ils vont ainsi mieux cibler ensemble les publicités en fonction des renseignements donnés. « Vous nous accordez une licence non-exclusive, transférable, sous-licenciable, sans redevance et mondiale pour l'utilisation des contenus de propriété intellectuelle que vous publiez sur Facebook ou en relation à Facebook (« licence de propriété intellectuelle »). Cette licence de propriété intellectuelle se termine lorsque vous supprimez vos contenus de propriété intellectuelle ou votre compte (sauf si votre compte est partagé avec d'autres personnes qui ne l'ont pas supprimé) », extrait étonnant des conditions de droits de cession sur Facebook.

Comment protéger ses informations

Pour une entreprise, la logique est d'être visible, voilà pourquoi nous ne nous attarderons pas sur les façons de cacher votre identité ou de limiter vos publications. Mais pour vos comptes privés destinés aux amis proches et la famille, et pour mieux comprendre cette volonté forte des utilisateurs, voici ce qu'il faut retenir.

Vous pouvez dans chaque réseau social régler ces paramètres de confidentialité dans les Paramètres ou Settings. Vous pouvez choisir qui a accès à quel contenu, ce que vous souhaitez rendre public ou privé. Avec Recherche veillez à ce que la case Autoriser les moteurs de recherche à accéder à vos informations publiques soit bien décochée. Dans Twitter, il est possible de rendre privé votre profil.[1] Sachez que les profils publics sont indexés par les moteurs de recherche. De fait, si vous vous êtes inscrit sur un site communautaire avec votre vrai nom (qui apparaît dans votre e-mail), et même si vous prenez un pseudo comme nom de profil, il est possible que vos photos et votre compte apparaissent sur les premières pages de Google lorsque quelqu'un recherche votre nom. Sur Facebook, on ne supprime pas un compte on le « désactive ». Plusieurs ONG se soulèvent contre ce manquement au respect de la vie privée, mais internet est par définition une place publique encore mal régie. Il faut donc être au courant du danger auquel un internaute s'expose. Certains y ont perdu leur travail à cause d'une photo compromettante. Il s'agit donc pour vous, entrepreneur ou salarié, de distinguer compte professionnel et compte privé.

---

1. Pour cela aller dans Settings>Protect your Tweet » (la partie réglages du compte).

Tendances du web 2.0

Selon une étude de Commtouch Technology de 2009, voici ce qui est le plus publié sur les réseaux sociaux et le plus consulté par la communauté du web. Il est très important de connaître ce qui intéresse les internautes que l'on va retrouver dans les publications des réseaux sociaux :

– divertissements (cinéma, TV…) 12 % ;
– streaming média (lecture vidéo et audio) et téléchargements 9 % ;
– ordinateur et technologie 7 % ;
– pornographie 7 % ;
– arts 6 % ;
– sports 5 % ;
– éducation 4 % ;
– religion 4 % ;
– voyages 2 % ;
– divers 2 %.

Notons également qu'un ordinateur sert toujours en premier lieu à envoyer et recevoir des e-mails, une fonction reprise intelligemment par Facebook et l'ensemble des réseaux sociaux. Cependant, à ce jour pas question de penser au réseau social comme seul outil de messagerie car pour activer un réseau social il faut en amont posséder un e-mail indépendant (Gmail, Yahoo! ou chez un opérateur). Le temps passé au sein des réseaux sociaux ne cesse de croître car tous les internautes partagent et commentent des contenus chaque jour plus important sur le web : émissions TV (télévision de rattrapage sur Youtube…) et radios (podcasts* et streaming) par exemple.

▶ Les réseaux sociaux en chiffres

Le nombre d'utilisateurs de réseaux sociaux n'a cessé de grandir depuis l'avènement du web 2.0. On compte plus de 70 % des internautes inscrits à au moins un des réseaux sociaux. En 2009, Nielsen Online souligne que 67 % des utilisateurs d'internet vont sur les réseaux sociaux contre 65 % sur leur messagerie, une première ! En 2010, plus d'un milliard de personnes s'y rendent quotidiennement et plus d'une heure par jour en moyenne, on les appelle les « visiteurs uniques* » (VU). Facebook atteste que 50 % de ses utilisateurs se connectent une fois par jour ce qui en fait le site le plus actif au monde. De plus, on note une dépendance croissante favorisée par le développement de l'équipement de smartphones : de véritables ordinateurs portables reliés aux réseaux sociaux par des applications. Cette tendance va continuer sa percée, si bien qu'il y a fort à parier que les réseaux sociaux vont devenir le hobby numéro un des hommes. Une étude de Pew Internet en février 2010 révélait que 75 % des gens sont mis au courant d'une information par le mail transféré ou les publications des contacts dans les réseaux sociaux, et que la moitié d'entre eux vont la partager de la même façon. Avec cette évolution croissante, la télévision, qui se coupe de toute interaction directe avec son utilisateur, va-t-elle garder sa suprématie comme équipement de salon ?

Pour aller plus loin : internet va-t-il remplacer la télévision ?

Comme l'a souligné le célèbre présentateur américain de *talk-show* Jay Leno « je ne sais plus ce qu'est la télévision ». L'avenir de la télévision est en effet dans le doute total.

Aux États-Unis, plusieurs séries comme *Dr Horrible* ne passent même plus sur le câble mais directement sur le iTunes Store, le magasin de médias numériques. Et ça n'a pas empêché ce programme de remporter un Emmy Award, l'oscar des séries.

La console de jeux vidéo Xbox de Microsoft qui propose le « Live », c'est-à-dire le jeu en réseau est même devenu distributeur de programmes TV. Et depuis que ces consoles de jeux peuvent se connecter à un ordinateur pour fonctionner (avec le iMac 27 pouces, équivalent d'une télévision 70 cm), pourquoi les annonceurs et producteurs passeraient-ils par le réseau actuel de télévision alors qu'ils peuvent directement toucher une audience à moindre coût sur le web ?

Rappelons que pour l'instant le coût d'une publicité TV ou de la diffusion d'un programme est plus onéreux.

Une série française du nom de *Pari d'amis* est ainsi née d'une simple caméra et d'acteurs amateurs et recueille plus de 10 000 fans et des milliers de lectures sur Facebook sans jamais être passée à la télévision. Sur Youtube, les publications d'extraits de musique live passée à la TV font bien plus d'audience que les émissions TV elles-même car Youtube a la faculté, contrairement à une chaîne de télévision, d'être visible à toute heure de la journée. Ainsi, le passage de la chanteuse Susan Boyle dans Britains Got Talent compte plus de 86 millions de lecture sur Youtube en janvier 2010. Et notre culture du zapping interactif veut que rester assis sans commenter ni pouvoir choisir ses programmes ne corresponde plus à notre société. On attend donc maintenant des ordinateurs aux écrans plus grands !

▶ Connexions différentes par pays

Chaque continent a ses préférences en matière de sites communautaires. Bebo.com est un réseau social très connu en Europe mais complètement ignoré aux États-Unis. Cyworld est un succès en Asie mais bloqué aux USA et inconnu en Europe. En Espagne, Tuenti rassemble presque autant de personnes connectées que Facebook et ne compte pratiquement aucun Français. Le plus vaste était jusqu'en 2009 avec 300 millions d'utilisateurs QQ, un réseau chinois méconnu dans le reste du monde. Facebook, venu des États-Unis et bloqué en Chine, a colonisé l'Europe et compte plus de 400 millions d'inscrits ce qui en fait le réseau social numéro un en 2010. Et ses parts de marché grandissent avec la traduction de son interface en 70 langues, ce qui fait souvent défaut à d'autres réseaux. Aussi son application pour téléphone est reconnue comme la mieux adaptée aux smartphones actuels (iPhone, Balckberry). On pourrait comparer ces réseaux en ligne à des pays avec leur nombre d'habitants : Facebook serait ainsi plus grand que la Russie, Orkut serait la France et Friendster les Philippines.

▶ En France

Selon un sondage IFOP de novembre 2009 :

– sur une liste de 17 réseaux sociaux, plus de 80 % des personnes interrogées connaissaient, dans l'ordre, Facebook, MySpace, Copains d'avant, Skyrock, Windows Live et Twitter (pour 63 %) ;

– 77 % des internautes déclarent être membre d'au moins un des réseaux sociaux en ligne testés ;

– 25 % des internautes sont membres d'un seul réseau social, 34 % de deux à trois réseaux sociaux et 18 % de quatre et plus.

Les réseaux sociaux les plus représentés en France (en %)

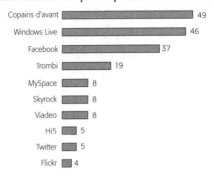

Copains d'avant	49
Windows Live	46
Facebook	37
Trombi	19
MySpace	8
Skyrock	8
Viadeo	8
Hi5	5
Twitter	5
Flickr	4

L'appartenance aux réseaux sociaux en ligne selon la catégorie socioprofessionnelle

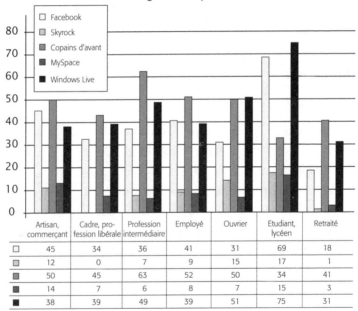

	Artisan, commerçant	Cadre, profession libérale	Profession intermédiaire	Employé	Ouvrier	Etudiant, lycéen	Retraité
☐	45	34	36	41	31	69	18
	12	0	7	9	15	17	1
	50	45	63	52	50	34	41
■	14	7	6	8	7	15	3
■	38	39	49	39	51	75	31

En janvier 2010, 96 % des internautes français de 20 à 30 ans fréquentent au moins un réseau social.

Ces chiffres vont manifestement grossir dans les temps à venir car ils expriment nouvelle façon d'envisager le web : nous ne sommes plus seuls devant un écran, mais des milliards interconnectés en permanence.

Pour aller plus loin : les adultes et les réseaux sociaux

Un milliard d'utilisateurs est un panel tellement large que l'identifier est difficile. Mais chaque réseau contient une base de données très complète, et selon Pew Internet la population de Facebook est plus âgée qu'avant, ce qui conforte un phénomène de vieillissement de la population des réseaux sociaux. Depuis 2005, les 35-54 ans auraient quadruplé dans l'ensemble des réseaux sociaux. MySpace concerne en revanche les plus jeunes ; et en général les adolescents se rendent sur les réseaux pour faire de nouvelles rencontres tandis que les adultes optent à 60 % pour des profils privés accessibles uniquement aux vrais amis.

Les sites communautaires les plus célèbres et leurs cibles

La majorité des sites internet, forums, blogs et chats compris peuvent être qualifiés de « réseaux sociaux » car il s'agit de discussions entre internautes. En effet, le principe est partout le même : des internautes s'inscrivent sur une plateforme et vont publier toute sorte de choses : photos, URL, articles, vidéos, musique. Et même si tous proposent un accès privé pour ne pas mettre sa vie ou ses opinions sur la place publique, le but premier et le succès de ces réseaux est le partage communautaire. Ici nous allons nous attarder sur les plus connus, ceux qui comptent des millions d'inscrits. Sachez que cette sélection changera sûrement dans les années à venir car les interfaces qui ne se renouvellent pas lassent très vite les internautes, et d'autres apparaîtront plus pratiques que Facebook ou Twitter. Les réseaux sociaux en 2010 s'inscrivent dans un contexte d'équipement d'ordinateurs et de smartphones, mais demain des tablettes plus évoluées que l'iPad et des téléphones plus intuitifs que l'iPhone ou le Nexus feront surgir de nouveaux sites communautaires.

Nous sommes dans une ère où chacun d'entre nous contribue à l'enrichissement d'internet par le contenu que l'on publie. Les sites de rencontre amoureuse ne vont pas' nous intéresser ici bien qu'ils représentent également un véritable marché pour les publicitaires. Dans ce genre à part, Meetic et Adopteunmec.com sont les plus connus en France. Aussi nous ne parlerons pas de Windows Live, un des réseaux qui compte le plus grand nombre d'inscrits en France car son succès est surtout dû aux millions de comptes créés durant l'âge d'or MSN Messenger, bien avant Facebook. À ce jour Foursquare (pages jaunes agrémentées de l'avis des membres) et Drupal blog (2.0) naissent à peine en France, voilà pourquoi cet ouvrage ne les mentionne pas. Voici donc ceux qui comptent en moyenne plus de 10 millions d'inscrits.

▶ Les chats en ligne

Ce sont des sites de rencontre et de recherche d'amis, le cœur de cible est jeune.

❯ MySpace et Skyrock pour les plus jeunes

MySpace offre pour la première fois en 2005 un réseau social tel qu'on le définit aujourd'hui et non plus seulement un site de rencontre. Jusqu'à 2007 c'est le succès mondial pour ce site qui nous propose de charger une photo de profil, d'accéder à un mur où chacun peut s'exprimer en y laissant commentaires, vidéos, photos, publicité, et à un profil où l'on y publie ses informations personnelles : musiques préférées avant tout. Skyrock, l'autre communauté pour adolescents et jeunes adultes (15 à 24 ans en moyenne) a depuis, décidé de s'inspirer de MySpace et déguise son côté chat de rencontre par du partage de contenu web sur la partie Profil (URL, médias, texte provenant d'autres pages internet), ce qui définira désormais les réseaux sociaux. Skyrock concerne avant tout des Français et des artistes de musique urbaine (Hip-Hop, R'n'B), et ses fonctions de chat et de blogs en font une communauté pro-active. MySpace, quant à lui, a très vite souffert d'une interface relativement pauvre : il est difficile de vraiment personnaliser les thèmes sans s'y connaître en langage (type CSS-HTML), et son aspect très américain (widgets* en tout genre envahissant la page, chargement lent d'une page), n'a séduit qu'un temps les 15-30 ans. En revanche, pour tous les fans et acteurs de musique, c'est encore un lieu incontournable permettant de faire de la promotion et de suivre l'actualité de ses artistes préférés.

À SAVOIR

Les utilisateurs de MySpace sont, aux États-Unis, les plus pauvres des réseaux sociaux (44 000 dollars), ils sont en majorité Black (9 %) ou Hispanique (7 %), célibataire (60 %) et étudiants (23 %) selon Anderson Analytics.

› Hi-5 et Tuenti pour les ados du monde entier

Sur Hi-5, chat, musique, publication de photos, livre d'or et tout l'at-tirail du réseau social y figure mais son design est bien plus clair que Skyblog par exemple. La langue anglaise est de rigueur pour toucher le maximum de contacts. Plus de 60 millions d'inscrits et une présence mondiale depuis 2003, idéal pour se faire connaître à l'étranger avec un produit pour les plus jeunes. Tuenti est une sorte de Facebook en espagnol réservé aux jeunes. Alors si votre produit ou service peut s'exporter, inscrivez-vous, plus vous apparaissez dans les divers réseaux, plus vous avez de chance de vous faire connaître.

› Netlog, Friendster, Bebo, Wayn et Tagged pour les 20-30 ans

Il existe des dizaines de réseaux sociaux où l'intérêt est de rencontrer ou de se réunir avec ses amis et de partager des photos de vacances et des URL. Netlog est un de ceux-là qui rencontre un franc succès en

Europe avec 59 millions d'inscrits. Son interface est plus jolie que celle de Facebook donc on peut imaginer que ce site prenne des parts de marché. On y rejoint des groupes et on y publie de la même façon. On peut également y faire une recherche d'amis par localisation (le lieu de résidence qu'ils indiquent à l'inscription), un grand classique des réseaux sociaux. Le chat et l'intégration de Twitter et de la recherche Google en font une plateforme séduisante répondant à l'objectif d'un internaute : rester sur la même page pour piloter tout le web, donc à surveiller. Tagged.com, Wayn, Bebo et Friendster sont également des réseaux mondiaux connus très développés en dehors de notre pays.

Le côté business de ces réseaux peut uniquement se développer par des achats de bannières publicitaires car l'absence de groupes de « goûts » et de pages de présentation professionnelle (comme sur Facebook) empêche l'intrusion directe de sociétés. Mais vous pouvez tout à fait créer de faux comptes utilisateurs pour faire de la publicité indirecte sur vos produits car plus il y a de personnes connectées, plus il y a de chances de vendre…

Pour aller + loin : doit-on délaisser ces sites adolescents ?

On dit que MySpace est en train de mourir en tant que réseau social car le peuple se déplace là où les communautés sont les plus fortes, mais il fera toujours office de site internet de présentation gratuit pour les musiciens et professions artistiques. C'est un passage obligé car ses codes sont bien connus des jeunes du monde entier et le profil MySpace est bien situé dans les résultats de recherche Google. Aussi, pour un entrepreneur, tous les sites adolescents représentent une cible très importante : les jeunes consommateurs. Se créer de faux comptes pour promouvoir vos produits est de rigueur. Et depuis février 2010, les *updates* (mises à jour du billet d'humeur) de MySpace apparaissent en résultat de recherche sur Google dans la partie update (les publications des membres des réseaux sociaux). Pour réaliser un profil professionnel MySpace, il faudra recourir à un webdesigner qualifié et opter pour « profil musicien » lors de l'inscription sinon vous n'aurez pas accès à toutes les fonctions dont l'ajout de musiques personnelles. Et avec un outil comme Ping.fm (**voir annexe**), vous pourrez mettre à jour votre statut dans plusieurs sites (dont MySpace, Tagged, Bebo, Netlog… mais pas Skyrock) sans vous rendre dans l'interface. Il est en effet inutile de passer du temps sur MySpace une fois votre profil créé et quelques milliers d'amis ajoutés : de moins en moins de membres sont connectés sur le chat et surveillent les mises à jour de leurs « amis ».

En revanche, pénétrer Skyrock et tous les autres est judicieux pour vendre vos produits : marques de vêtement, bijoux, jeux, etc. Votre approche devra être amicale (prenez une apparence humaine ou investissez dans des leaders*, ceux qui ont le plus d'amis pour vous promouvoir) car les profils d'entreprise sont perçus comme du spam par les utilisateurs et donc rejetés.

› Facebook, le site des amis de tout âge

*15 millions de membres en France, soit un français sur 4
55 minutes par jour en moyenne par utilisateur*

C'est le seul site qui compte sur internet pour les lycéens ; et tous les adultes même les plus vieux s'y mettent. Copains d'avant a échoué là où Facebook a réussi. Cela s'explique par le fait que sur le site crée par des universitaires américains pour garder contact on peut y retrouver ses (anciens) amis grâce à un moteur de recherche qui ne cesse de s'agrandir comme dans Copains d'avant, mais gratuitement ! Une fois ajouté, le livre des visages (traduction littérale) est beaucoup plus ludique : il est possible de publier et de commenter des vidéos, musiques, photos sans jamais quitter l'interface. En fonction du pays où l'on se trouve, le site est traduit, ce qui fait souvent défaut dans d'autres plateformes sociales. Facebook se substitue au fameux chat de MSN car une messagerie instantanée est fournie. Cependant impossible de se mettre « invisible » (connecté mais apparaissant déconnecté) ou de bloquer des amis indésirables sans les supprimer de la liste d'amis, des fonctions que l'on attend encore.

Autre gros point fort : avec Facebook fini les chaînes d'e-mail inces-
santes pour la dernière blague ou vidéo du collègue de bureau car
sur le mur Facebook on peut publier tout ce que l'on veut et recevoir
des commentaires, et si on aime le contenu de son ami, on peut le
« reposter » en cliquant sur Partager. Aussi, plus besoin de connaître l'e-
mail d'un ami pour lui envoyer un message, en le faisant par Facebook
il recevra une alerte sur son e-mail personnel. Facebook est idéal pour
se tenir au courant des événements proches de chez soi, le moteur de
recherche s'enrichit chaque jour et des milliers de groupes dans tous
les domaines possibles existent et continuent de se créer.

À SAVOIR

Selon le cabinet d'étude Anderson Analytics, en 2009 les utilisateurs de Facebook sont les plus actifs des réseaux sociaux, ils sont
principalement des adultes à fort pouvoir d'achat (61 000 dollars
en moyenne), mariés (40 %), blancs (80 %) et/ou à la retraite
(6 %). Leurs intérêts sont difficiles à déterminer car la communauté est trop variée.

▶ Les réseaux de médias

Le but est de partager un média spécifique : photos, vidéos, musiques.
Tout le monde, à tout moment peut-être intéressé par ce réseau.

❯ Youtube et Dailymotion, les Google de la vidéo,

1 milliard de vidéos vues quotidiennement sur Youtube

La vidéo est un des vecteurs d'information les plus pertinents. Internet
a trouvé son Google animé en 2005 avec l'apparition de Youtube Tout
le monde peut s'y connecter : une entreprise pour diffuser ses spots
publicitaires, une maison de disque pour présenter les derniers clips de
ses artistes et même un parti politique pour être en relation avec ses
militants. Tout internaute peut facilement se créer un compte, poster

des vidéos de plusieurs minutes (rien ne vous empêche de poster en plusieurs parties pour garder toute l'attention de vos visiteurs) et commenter les vidéos de la communauté. On peut y inviter des amis, ajouter d'autres comptes, envoyer des e-mails à la communauté mais pas chatter. Un compteur donne le nombre de lectures de la vidéo, et dans l'interface d'administration, l'utilisateur a accès à un véritable outil d'analyse professionnel indiquant par exemple l'origine et la tranche d'âge des visiteurs. Comme dans l'ensemble des réseaux sociaux, les publications les plus vues apparaissent en première page de l'interface du site, le but ultime pour tous les membres en quête de succès. Pensez aussi à Dailymotion qui reproduit à l'identique Youtube mais avec une cible surtout française.

› Ustream et Tinychat pour le chat vidéo

Ustream s'impose en site de rendez-vous vidéo. Il se destine aux artistes et sociétés souhaitant plus d'interaction visuelle avec leur communauté. Depuis votre webcam ou votre iPhone, vous pouvez enregistrer une vidéo et converser avec vos contacts, y compris ceux de Twitter, tout cela en direct. Un chat vidéo où vous êtes la star, idéal pour une conférence spéciale, mais si vous cherchez à ce que vos interlocuteurs aussi soient visibles (16 au maximum sur une même page), c'est tinychat. com qu'il faut choisir. De plus, Tinychat publie sur vos murs Facebook et Twitter le fait que vous vous connectez. Depuis peu, vous avez la possibilité de faire payer vos passages à vos fans et clients sur Ustream. Ce sont là des outils efficaces pour cristalliser un événement et faire une annonce en temps réel « attention, présentation du produit x en direct sur ustreamTV dans 2 jours ! ».

› Flickr, Picasa, Fotolog pour les photos

Un chiffre : plus de 4 milliards de photos téléchargées sur Flickr

Comme Picasa ou Fotolog.com, ses deux principaux concurrents, Flickr est un site de qualité pour le partage de photos. Il est racheté par le géant Yahoo! en 2009. Tous les photographes amateurs et professionnels s'y retrouvent et des milliers de groupes existent en fonction des goûts et hobbies de chacun, mais aussi des appareils photos utilisés. Il y manque un chat mais c'est un réseau social de plus en plus actif et vous pouvez trouver tout ce que vous voulez en images plutôt que de faire une recherche Google. Les photos sont taguées par mots-clés et indiquent avec quel appareil et quels réglages elles ont été prises. Un incontournable parfaitement intégré à tous les autres réseaux sociaux, il est en effet possible de mélanger les interfaces des réseaux sociaux, nous y reviendrons dans l'**annexe**. Pour publier plus d'une centaine de photos il vous faudra un compte « pro », environ 20 euros par an. La qualité de vos photos n'est jamais altérée dans ce site lors du chargement et vous pouvez changez les paramètres de confidentialité et décider avec qui partager quelle photo. Pour l'entreprise, c'est le moyen de trouver des consommateurs en fonction de ses goûts, comme dans tous les sites communautaires. N'oubliez pas que les photos sont le média le plus consulté et le plus partagé sur le web entre des internautes. Les groupes de préférences donnent accès aux membres et au bouton « ajouter » pour les inviter à devenir « contacts », comme dans tous les réseaux sociaux.

› Lastfm, blip.fm et iLike pour la musique

La musique occupe une part importante de notre quotidien informatique, elle nous motive et nous détend et nous permet d'économiser de l'achat de CD et d'appareils hi-fi. Deezer ou Spotify qui sont les sites de lecture audio les plus connus en France l'ont compris et offrent des bibliothèques de musique en *streaming* très complètes mais il ne s'agit pas de réseaux sociaux : aucune des fonctions de communauté n'existe à ce jour, donc impossible d'identifier avec précision un utilisateur. Pour cela, vous devrez acheter des espaces publicitaires à une régie qualifiée. Lastfm et blip.fm sont des réseaux sociaux où chacun publie sur son profil la musique qu'il écoute. Avec d'avantage d'informations privées : localisation, inscription à des groupes de préférence, tags. Se promouvoir par la musique ne concernera que les artistes, discothèques et festivals. De fait, pour trouver des liens pour acheter des albums et surtout trouver des fans de la même musique que votre activité (*via* des groupes), il n'y a pas mieux.

Ilike, relié à Facebook sous forme d'application de partage de contenu vidéo et musical à tous les amis et fans, est également une bibliothèque de musique en ligne.

Mais ces trois sites sont surtout fameux aux États-Unis. À noter que les musiques publiées sur Blip.fm peuvent être publiées automatiquement sur Twitter (d'ailleurs plusieurs services de partage de musique existent sur Twitter : tinysong, twisten.fm, twt.fm et twiturm qui offre le précieux compte des écoutes et téléchargements), ce qui est recommandé pour impacter le plus grand nombre. Sachez que les réseaux sociaux ont besoin d'être animés, l'internaute est devant son écran comme un spectateur devant sa télévision, alors la musique peut vous aider à gagner des visiteurs.

Les réseaux d'actualité

Ce sont des sites où se mélangent professionnels et internautes *lambda* pour publier, relayer et commenter l'information mondiale. La cible est en majorité adulte (trentenaire et plus).

En France, 63 % des internautes jugent que les plateformes de microblogging (la publication de messages courts se référant à des URL, photos, vidéos, articles) sont utiles.

❱ Twitter

Pour aller plus loin : l'univers Twitter

- *Follow me* : suivez-moi, le principe est d'être assez intéressant pour que votre actualité soit suivie par d'autres utilisateurs. Vous devez inclure dans votre site et blog un bouton ou widget Twitter pour inviter tous les internautes à vous suivre. Vous les trouverez déjà prêt dans Goodies.
- *Following et followers* : ceux que vous suivez et ceux qui vous suivent (les abonnés). Par respect, suivez ceux qui se sont abonnés à vos tweets !
- *What's happening ? :* que se passe-t-il ?, c'est là, dans Home que vous mettez à jour (Update) votre actualité (le tweet).
- *Timeline** : c'est l'ensemble des tweets publiés par la communauté de Twitter.
- *DM, RT* et reply** : un DM c'est un message privé qui n'apparaît pas sur la timeline. Une RT ou ReTweet c'est citer le tweet d'un autre utilisateur, et reply c'est répondre à un Tweet, le commenter.
- *Find People* : trouver des gens, avec cet outil vous trouverez les profils les plus influents par secteur d'activité dans Browse suggestions, vous pourrez inviter et trouver vos contacts déjà sur Twitter à l'aide de votre e-mail Gmail, Yahoo!, Aol dans Find Friends.
- *Settings* : ce sont les réglages de vos paramètres. Dans Notices vous pouvez activer la réception d'e-mails lors de DM et nouveaux followers. Dans Design, vous personnalisez l'apparence de votre profil : les couleurs et l'arrière-plan.
- *# et Hot Trends* : il s'agit des sujets évoqués dans les tweets. Vous pouvez en lancer un en mettant # devant le sujet dans votre tweet, exemple « #cocacola le zéro est meilleur que le light non ? ». Ce mot-clé ou hashtag peut être à la une (Hot trends) s'il est souvent cité.

Un chiffre : 50 millions de tweets par jour dont la moitié n'est pas en anglais

Le syndicat allemand de l'industrie des nouvelles technologies Bitkom a publié en 2010 une étude qui érige Twitter au rang de source d'information citée par 13 % des Allemands. La plateforme de micro-blogging devance les blogs traditionnels (10 %) et forums (12 %), et est à égalité avec les sites communautaires (13 %), une tendance qui se généralise partout dans le monde.

Depuis la fin 2009, Twitter existe en version française. Vous vous demandez toujours pourquoi un si gros succès avec seulement 140 caractères pour s'exprimer ? Première chose à comprendre, si vous et vos amis vous inscrivez sur Twitter (« gazouillis » en français, ces petits cris d'oiseaux) et que vous avez un smartphone, vous pourrez vous envoyer des messages SMS et e-mails gratuitement à travers le monde car comme dans tous les réseaux sociaux exposés ici, l'inscription est gratuite. Et si vous ne voulez pas que ces messages soient publics, il y a deux solutions : vous pouvez « protéger vos updates », c'est-à-dire limiter l'accès de vos publications aux personnes de votre choix, ou bien leur envoyer des DM (messages directs) qui ne sont pas publiés sur votre page twitter.com/votrenom. Donc si vous avez des amis à l'étranger ou que vous n'avez pas de SMS illimités avec votre opérateur téléphonique, voici une des raisons majeures de s'intéresser à Twitter.

Il n'y a pas d'intérêt à exposer votre quotidien, mais si vous avez quelque chose à vendre ou que vous souhaitez promouvoir votre société, vous devrez personnifier votre marque sur Twitter car le temps du simple site internet-catalogue de vos services est révolu : un client achète désormais une personnalité, plus seulement un produit et tous l'ont compris de *Time magazine* à Coca-Cola. Twitter a un intérêt incroyable : puisque tout le monde s'y met y compris les journalistes professionnels, vous pouvez obtenir l'information en temps réel ou « *breaking news* » dans tous les secteurs d'activité, puis la commenter. Fini les 24 heures à attendre pour qu'un site d'actualité soit mis à jour.

Suivez *Le Monde*, *L'Équipe* et même le *New York Times* (près de 2 millions de *followers*), vous serez le premier au courant de tout dans une seule et même interface.

De plus, vous pouvez trier vos contacts en listes ou intégrer des listes déjà créées regroupant des fans et activistes d'un milieu en particulier (comme les groupes et pages Facebook). Aussi, c'est le site favori des stars de Puff Daddy à Guy Kawasaki (créateur de Alltop.com) qui le mettent à jour depuis leur propre téléphone. Twitter propose en plus l'interface la plus pratique pour les téléphones. Google a d'ailleurs choisi d'intégrer les résultats Twitter sur sa page principale aux États-Unis, priorité à l'info !

À SAVOIR

Les utilisateurs de Twitter sont souvent employés à mi-temps (16 % contre 11 % en moyenne dans les réseaux sociaux) et gagnent en moyenne 58 000 dollars par an. La moyenne de followers (ceux qui les suivent) est de 28 et de follow (ceux qu'ils suivent) 32. Ils sont sur ce site pour les news, les restaurants, les sports, la politique. Ils sont plus intéressés par les médias que dans les autres réseaux, leur mode de consommation en témoigne : livres, films, chaussures et produits cosmétiques. Mais contrairement à Facebook par exemple, ils disent pouvoir vivre sans Twitter à 43 %.

› Delicious et Friendfeed pour partager des liens

Partager ses liens favoris est la vocation de ces réseaux sociaux. Ils permettent d'une part de retrouver tous vos favoris sur n'importe quel ordinateur avec un compte et de les partager avec une communauté très importante. Vous pouvez d'autre part trouver des liens très intéressants dans le domaine que vous voulez à l'aide des tags : chaque lien est tagué (exemple : design, vidéo, etc.). La cible est clairement adulte et souvent professionnelle et ce site peut surpasser Google dans l'efficacité de ses recherches puisque Delicious est en réalité un tri des résultats du web par les internautes eux-mêmes (mais trop souvent en langue anglaise…). Avec votre société, vous pouvez intéresser les Français à rejoindre un réseau, pensez-y !

› Digg et StumbleUpon, le web 3.0 ?

Comme Delicious, Digg et StumbleUpon répertorient les meilleurs liens du web cités par la communauté (dans les blogs surtout), chaque jour plus grande. Être bien référencé sur ce site, c'est toucher une clientèle adulte et « geek », c'est-à-dire fan de nouveautés liées à internet. Sur Digg, on peut en plus voter pour le contenu de ces liens et ainsi les retrouver en première page pour les plus intéressant. C'est une fois de plus en anglais mais il s'intègre à votre compte Facebook donc dès que vous postez un lien, il est publié sur votre mur Facebook. Aussi, Digg intègre votre contacts Twitter et Facebook dans son interface. On regrette que le contrôle des liens ne soit pas toujours fait mais si ce genre de sites fait appel à des experts, nous n'aurons plus besoin de Google. En effet, on attend de cet internet de la désinformation où Monsieur tout le monde peut publier librement, que des acteurs surveillent ces contenus et nous aident à déterminer le vrai du faux, le bon du mauvais. C'est d'ailleurs une des façons d'expliquer le « web 3.0 » (**voir conclusion**). Si vous aimez partager des liens de qualité depuis votre navigateur et promouvoir les articles de votre blog professionnel ou même anonymement, il est recommandé de rejoindre Digg et StumbleUpon.

❱ Les réseaux « professionnels »

On y présente son travail, son activité, son expertise, dans le but de développer son réseau professionnel.

> Linkedin et Viadeo pour votre CV

Un chiffre : 25 millions de professionnels sur Viadeo.

Viadeo est en France le site numéro un pour les professionnels. On y étend son réseau mais hors de question d'y partager quoi que ce soit d'autre, pas de photos de soirées entre amis par exemple. Le but est de trouver des clients ou un nouveau job. En attendant le développement de ce réseau professionnel reconnu, il ne faut pas ignorer Linkedin, son *alter ego* international qui existe aussi en langue française et se pilote aisément depuis votre smartphone contrairement à Viadeo. Le but d'un réseau social est de vous accompagner partout, d'être pratique et joignable, et Linkedin répond à tout cela sans faute. Donc pour votre CV online et une présence professionnelle sans failles, choisissez ces sites. Payants dans leurs versions complètes, ils forment la nouvelle place du marché de l'emploi. Autre point fort, Linkedin intègre depuis peu vos publications Twitter et apparaît dans les premières lignes de Google lorsque l'on fait une recherche de personnes.

À SAVOIR

Linkedin compte en majorité des hommes (57 %) fortunés (89 000 dollars par an en moyenne) qui veulent développer leur réseau professionnel. Ils aiment la gym, les spas, le yoga, le golf, le tennis mais également tous les produits hi-tech. 12 % y recherchent des informations de jeu online (poker etc.).

Linked **in**®   Accueil   LinkedIn, pour quoi faire ?   S'inscrire   S'identifier

Plus de 65 millions de professionnels dans le monde utilisent LinkedIn pour échanger idées, informations et faire progresser leur carrière

Gérez votre réseau et restez à l'écoute de votre secteur

Trouvez les professionnels et l'expertise dont vous avez besoin

Gérez vous-même votre image professionnelle sur le Web

Inscrivez-vous sur le réseau LinkedIn

Prénom :

Nom :

E-mail :

Mot de passe :

Minimum de 6 caractères

S'inscrire *

Déjà inscrit ? Identifiez-vous.

Rechercher une personne :   Prénom   Nom   OK

› Google Buzz les nouvelles Pages Blanches

Ce réseau est né en février 2010 car Facebook menace de plus en plus le moteur de recherche Google : les publicitaires préfèrent payer pour se placer dans Facebook afin de profiter d'une visibilité gratuite doublée d'une interaction en temps réel, que de débourser des sommes folles pour l'achat d'un mot-clé. C'est pourquoi les Pages Jaunes du web, Google, ont décidé d'intégrer une méthode de discussion directe. Même si l'interface est très sommaire et n'a rien d'esthétique, elle s'intègre parfaitement à la téléphonie mobile et à la boîte de messagerie qu'est Gmail avec laquelle on s'inscrit. Ce sont donc les Pages Blanches : un annuaire des internautes qui renseignent leur activité professionnelle, leurs hobbies mais aussi leur localisation géographique (s'ils le souhaitent). Cette fonction de « localisation » rendue populaire par l'iPhone et Twitter permet de devenir ami avec des contacts voisins. La notion d'« amis », trop forte de sens dans notre pays est remplacée par l'« abonnement » : je m'abonne au journal d'un contact. Celui-ci peut lier ses comptes Picasa, Youtube, Flickr, Twitter à Buzz et ainsi publier son actualité depuis d'autres réseaux sociaux. Pour l'instant pas de connexion avec Facebook, mais pas vraiment de concurrence non plus, le compte Facebook est plus du domaine de la vie privée. Ici il s'agit pour un médecin, photographe, entrepreneur de renforcer son réseau et de maintenir le lien avec sa *mailing list* qu'il n'avait pas ajouté dans Facebook par peur de mélanger vie privée et publique.

▶ Le réseau social-blog

Ce sont des journaux en ligne tenus par des professionnels ou non, qui intègrent les fonctions de communication entre les membres comme dans les réseaux sociaux connus. La cible a trente ans en moyenne.

Un chiffre : 126 millions de blogs existent dans le monde

› Tumblr

Le blog était jusqu'à maintenant un lieu public mais réservé à vos amis ou à des visiteurs parachutés au hasard *via* Google, un univers trop confiné en somme. Over-blog a ensuite eu l'idée ingénieuse de répertorier les blogs en fonction de leur catégorie mais avec une interface vieillotte. Over-blog n'est pas encore un réseau social car l'interactivité entre les membres n'y est pas aussi avancée que sur Tumblr, un blog inspiré de Twitter : on peut reposter des publications de la communauté et les commenter facilement. Aussi un mur, équivalent de la Timeline* sur Twitter, reporte les publications de l'ensemble de la communauté. Même s'il n'existe pas encore en langue française et qu'il compte à ce jour moins de 5 millions d'utilisateurs, ce site gratuit vous permet de blogger tout ce que vous voulez de façon professionnelle, de choisir parmi des thèmes plus innovants les uns que les autres et de vous faire connaître de ses membres en les suivant et en leur proposant de vous suivre. Aussi, c'est un des seuls blogs reliés à Facebook et Twitter par des applications, et beaucoup moins compliqué que Wordpress, une autre plateforme de blog social. C'est aussi ça le web 2.0 et les réseaux sociaux : relier les bloggers avec la communauté du web. Aussi, vous pouvez vous exprimer à travers des liens, musiques, vidéos, citations comme dans tous les journaux en ligne. Drupal.org est un concurrent à surveiller de près.

Les réseaux à part

Certains sites communautaires ne sont pas vraiment des réseaux sociaux mais l'expression de ce web participatif. Dans une logique business, il est aussi important de les pénétrer que les réseaux sociaux standards car ils regroupent de fortes communautés facilement accessibles.

› Le jeu Second Life

Un chiffre : 1 million d'utilisateur actif

Second Life est un jeu en ligne dont l'audience a fortement chuté depuis l'avènement de Myspace et Facebook, mais il reste encore beaucoup d'utilisateurs actifs (dont une moitié d'Américains) et c'est surtout le seul réseau social où monétiser (ou faire de l'argent) est une réalité. Vous téléchargez le logiciel sur secondlife.com et vous voici entré dans un univers en 3D. C'est en quelque sorte un Facebook animé dans lequel vos amis prennent l'apparence de ce qu'ils veulent : un animal, un homme, une femme. Vous pilotez votre avatar comme dans le film de James Cameron. Il va pouvoir voyager dans les îles de la planète, travailler et faire des rencontres. En se déguisant, chacun exprime librement ses opinions et goûts ; les débats, expositions, conférences, formations, recrutements, concerts, mariages sont des événements courants dans *la deuxième vie (second life)*. Il est même possible de discuter vocalement et en vidéo comme sur Skype, une fonction très prisée par des sociétés et universités voulant offrir une expérience unique pour une conférence. Nicolas Sarkozy a même choisi d'y faire une escale pour son meeting avant les présidentielles en 2007 !

Comment fonctionne Second Life ?

Une fois votre interface lancée vous pénétrez dans l'univers de Second Life. Sur la barre de droite apparaissent les possibilités d'interaction avec les objets et personnes qui constituent ce monde. Tous les « résidents », c'est le nom des utilisateurs, peuvent exprimer leur créativité : créer des vêtements, bâtiments, objets, animations et sons, etc., ainsi qu'acquérir des parcelles de terrain pour construire des piscines, maisons… Ce « métavers » (ou univers virtuel) possède une économie propre basée sur une monnaie virtuelle, le dollar Linden, convertible en dollars US (1 Linden : 260 dollars environ). Chacun s'invente un faux nom, dépose le montant d'argent (avec, entre autres, Paypal) qu'il veut pour acheter des vêtements, chaussures, voitures sur http://secondlife.com/shop. Ccomme dans la vie réelle, plus on possède, plus on est à même de séduire et plus on enrichit son expérience virtuelle. Si ce jeu se dote d'un graphisme davantage inspiré des consoles de jeux actuelles (Xbox ou Ps3), il pourra de nouveau s'imposer en masse.

› L'encyclopédie Wikipedia

Un chiffre : plus de 14 millions d'articles et biographies publiés

Ce dictionnaire en ligne est-il un réseau social ? Dans un sens oui car c'est un *Petit Robert* mondial, des définitions de mots et expressions, uniquement écrit par les internautes. Chacun y publie un contenu visible par l'ensemble des internautes puisque ce site est un des plus consultés au monde. Il complète Google pour expliquer des mots, donner l'historique, des liens et la biographie d'une entité. Il faut bien sûr lire à deux fois et vérifier les « vérités » qui y sont écrites car il peut s'agir de « vandalisme » (erreurs). Robert Mc Henry, encyclopédiste, est un de ceux qui pensent que Wikipedia ne devrait pas s'appeler « Encyclopédie » quand on sait que l'autorité et le contrôle y sont très faibles. Mais le but de ce site est de faire émerger la culture populaire. On attend la venue d'experts, mais pour cela il faudrait les payer, or Wikipedia se base sur le volontariat… Votre historique d'entreprise et vos liens vers vos sites internet doivent obligatoirement y figurer.

› Le marché Ebay

Ebay est le site marchand d'internet par excellence. On y vend et achète à des particuliers et des professionnels toute sorte de chose. Un jour un Australien y a même vendu sa vie : sa maison, son job, sa voiture ! Ce qui en fait un réseau social participatif c'est d'une part l'inscription de tout un chacun à cette communauté mondiale et la notion de « note ». Chaque vendeur est noté par ses acheteurs. Une note faible va par exemple décourager de futurs acheteurs. Et dans la Silicon Valley, cette confiance dans le réseau est un élément important, la note apparaît sur le CV ! Vous pouvez très bien, en tant que société, y vendre vos produits.

> Les forums

Ce ne sont pas des réseaux sociaux tels qu'on les définit : avec un chat et un partage du contenu développé, mais ils rassemblent des millions d'internautes ! Sachez que les sites les plus visités par de potentiels clients sont encore des forums : 01net, France2, Lequipe.fr, Premiere, purevoyance.com… Les membres ne donnent pas leur vrai nom mais justement, en se cachant ils se livrent sans inhibition. Doctissimo est un site de santé et plus globalement de rapports humains. On y parle de ses maladies, problèmes de couple, ce que l'on a acheté récemment, etc. Tout cela est une mine d'or pour toute entreprise souhaitant analyser le profil de ses investisseurs. Il n'est d'ailleurs pas rare d'y croiser de faux comptes qui sont là pour faire connaître leur produit et obtenir un feedback direct. Deux autres forums à retenir sont « Hardware.fr » qui concerne tout le domaine du Hi-Tech et « Comment ça marche ? » qui englobe tous les domaines, une sorte de Service Après Vente online. Notons que ces forums comptent des millions d'inscrits et ils sont les sites les mieux indexés dans les résultats de recherche Google. Il s'agit donc de s'inscrire sur les plus grands forums de votre activité.

> Les consoles de jeux vidéo

Les consoles Xbox et Playstation 3 offrent chacune leur propre réseau social. Des millions de gens sont inscrits à travers le monde, il s'agit de jouer en réseau : on ajoute un contact et on l'invite à faire une partie. La discussion est de rigueur. La cible est jeune et toutes les entreprises ont donc décidé de pénétrer ce marché. De plus le projet Natal de

Microsoft pour la Xbox enrichit ce réseau social du chat vidéo et de réalité augmentée (**voir chapitre 5**). Autrement dit, c'est une nouvelle génération de sites communautaires qui se prépare ici… Pour une entreprise, des partenariats avec Microsoft ou Sony peuvent être très efficaces pour *impacter* une clientèle jeune et internationale.

> Le trafic social

Si vous vous demandez pourquoi même Google se met aux réseaux sociaux avec Buzz, c'est que le trafic social (liens, photos et vidéos partagés sur Facebook et autres) devient la source principale de liens du web. Sur Facebook, c'est 5 milliards de contenus qui sont partagés chaque semaine. Sur Gigya.com qui propose de relier un site internet à l'ensemble des réseaux sociaux (exemple : je suis un internaute, je vais sur un blog et des boutons permettent de partager l'information sur le réseau social de mon choix), voici comment est partagée en général l'information :

– Facebook : 44 %
– Twitter : 29 %
– Yahoo! : 18 %
– MySpace : 9 %

Sur AddThis.com qui offre gratuitement des boutons de partage Twitter, Digg, E-mail, Facebook, etc., sur un site internet (600 000 personnes l'ont adopté), Facebook est aussi en tête à 33 % devant l'e-mail (13 %). Cela signifie que l'habitude de partager du contenu par e-mail se perd ; l'internaute préfère désormais partager son expérience du web à l'intérieur des réseaux sociaux.

Pour aller plus loin : tout le web devient-il réseau social ?

La question se pose à l'heure du sacre de l'internaute. Tous les sites de présentation qui caractérisaient le web 1.0 se dotent aujourd'hui d'outils d'inscription pour les visiteurs. Le but est de créer une communauté, de la faire interagir avec le wiki notamment : un forum qui devient véritable réseau social **(voir chapitre 6)**. La Fnac et l'ensemble des sites marchands transforment peu à peu leur e-commerce en plateforme d'échanges d'avis sur les produits (commentaires, notes), un critère qui d'ailleurs est reconnu comme plus vendeur que la simple description produit. Aussi, toutes les marques ont un compte sur Facebook et sur Twitter et leur communication passe essentiellement par là. Cette évolution est logique : pourquoi une marque se séparerait-elle de millions de personnes connectées ?

Résumé

Les réseaux sociaux sont la réponse naturelle au besoin d'interaction que représente internet depuis sa création. Ils englobent toutes les fonctions qu'un utilisateur attend du web : e-mail, messagerie instantanée, recherche, communauté et partage.

Il ne faut plus croire que ces sites communautaires sont faits pour les enfants et adolescents : il y a aussi des parents et grands-parents souhaitant garder contact avec leurs familles, amis, et se tenir informés de l'actualité, donc tous les âges de consommateurs. Et tous les professionnels y publient leurs nouvelles et expertises.

Des centaines de sites « réunion » existent mais en réalité très peu ont un impact mondial et comptent des millions d'inscrits.

Facebook et Twitter sont les deux principaux protagonistes dans le cœur des ordinateurs en 2010. L'intérêt croissant pour un réseau, si l'on prend pour exemple MySpace, est de 2-3 ans, ensuite c'est la chute. Mais si les réseaux continuent de se renouveler et de rassembler toutes les fonctions du web comme le chat vidéo par exemple, et de capter toutes les catégories d'âges, leur prédire à chacun un avenir beaucoup plus long est plus qu'envisageable. MSN et Yahoo! Chat dont la fonction de messagerie instantanée est une des préférences des internautes durent depuis plus de 10 ans après leur lancement. Dialoguer et partager n'est pas une habitude que les humains perdront de sitôt, encore moins dans le seul lieu capable de les réunir sans barrières de temps et d'endroit.

Chapitre 2

Présentez
votre activité

Sommaire

- Un design original
- Le blog 2.0, votre nouveau site officiel
- Le compte Twitter
- Google Buzz
- Le dossier de presse (Presskit)
- La social newsletter

Vous avez une présentation produit ou un événement à annoncer ? Tout se fait désormais sur internet et son pivot : les réseaux sociaux. Mais avant de vous lancer tête baissée sur le marché du web 2.0, il faut commencer par soigner votre identité numérique. Dans cet ouvrage, nous imaginons que vos produits sont déjà prêts à être vendus.

Un design original

Chaque réseau social a sa charte graphique et ses codes, mais vous pouvez y publier vos propres couleurs, logos, messages *via* votre profil. Il vous faut donc importer à chaque fois vos photos, historique et une phrase d'accroche publicitaire pour comprendre qui vous êtes, votre activité en un coup d'œil. Soyez original, le but est d'attirer les visites.

❱ Un bon logo

WEBDESIGN-MULTIMEDIA-MARKETING 3.0

Vous avez besoin d'un logo ou d'une façon percutante d'écrire votre projet qui sera décliné sur l'ensemble du web. Pour cela allez sur elifont.com et téléchargez la police la plus adaptée. Baladez-vous dans des bibliothèques et prenez des idées il existe des centaines de livres répertoriant des logos efficaces. Les logiciels Illustrator et/ou Photoshop sont vos principaux alliés dans cette étape. Ouvrez un nouveau projet en 500 x 500 pixels avec fond transparent, choisissez les couleurs de votre charte graphique, pensez à entourer d'un cercle ou apparentez votre marque/nom à un objet par exemple. Une fois prêt, enregistrez-le en .png (le bon format pour le web) même si vos sites communautaires le compresseront à l'état d'avatar (pensez d'ailleurs à vous créer un gravatar* : chacun de vos commentaires sur l'ensemble des plateformes du web affiche ainsi votre logo automatiquement, rendez-vous sur gravatar.com).

Avec Adobe Illustrator et le format vectoriel vous pourrez réaliser des t-shirts et affiches grand format papier si besoin. Si tout cela n'est pas dans vos compétences, contactez des écoles de webdesign (ou la page Facebook du magazine *Web Design* par exemple), des étudiants qualifiés pourront tout à fait réaliser ce logo.

▶ Un discours percussif

Le discours de votre marque est un élément clé de la réussite de votre activité. Il s'agit de votre politique et de vos valeurs. Il vous faut quelques phrases d'accroche telle que « Nike. Just do it » que vous pouvez placer dans vos divers statuts des réseaux sociaux et sur l'encadré de gauche de votre compte et profil Facebook. Choisissez l'anglais si votre produit n'est pas exclusivement destiné aux Français car c'est la langue officielle du web, du moins celle qui est comprise par le plus d'internautes (si l'on exclut le chinois !). Évitez les phrases trop marquées publicité radio-TV, l'internaute attend un discours sincère et compréhensible. Sur la toile, il est très facile de déguiser la réalité mais on ne peut mentir car à terme tout se retrouvera sur un moteur de recherche.

Le blog 2.0, votre nouveau site officiel

Selon une étude récente du site Hubscot.com, on constate « 55 % d'augmentation du trafic sur les sites d'entreprise possédant un blog ».

Avant les entreprises se servaient uniquement de leur site institutionnel, celui où l'on publie une biographie, des photos, les produits, pour communiquer. Leurs outils étaient :

– le courrier ;
– la newsletter ;
– le service consommateur ;
– la publicité classique (achat d'espaces publicitaires) ;
– le forum pour les questions/réponses avec les clients.

Le blog faisait figure d'amateurisme, de journal intime personnel. Or tout a changé avec le développement des réseaux sociaux depuis 2004. En 2009, le blog c'est 120 millions d'activistes de tout âge dans le monde, la France est le 4e pays des bloggers avec 9 millions de sites dont beaucoup de professionnels. Il est un site conversationnel qui garde les possibilités de communication du site-vitrine et assure en plus le lien avec vos réseaux sociaux. Vous pouvez donc communiquer d'avantage. Toutes les grandes marques possèdent d'ailleurs un ou des blogs pour pénétrer le marché des utilisateurs de réseaux sociaux, accroître leur notoriété et humaniser leur marque. Sur leur site, elles créent un onglet « blog » qui pointe vers leur blog. Souvent, le blog est plus visité que le site statique car il offre une expérience interactive : commentaires, chat (avec des widgets comme meebome.com par exemple qui importe votre compte Meebo sur votre site/blog), liens vers les réseaux sociaux. Il donne une dimension humaine, proche de ses clients, à l'entreprise. Cette « vie » peut donner envie aux visiteurs passionnés par l'actualité et le message de votre produit d'aller plus loin : l'acheter sans jamais en être forcé.

Encore beaucoup d'entreprises sont restées au site-catalogue, elles pensent que s'exposer à la discussion directe rime avec perte de contrôle. Mais si vous savez maîtriser votre présence, vous ne courrez aucun risque. De plus le lancement d'un blog est gratuit, c'est une inscription comme sur les réseaux sociaux. Il ne faudra payer que l'hébergement pour le transformer en monsite.com.

Pourquoi un site relationnel ?

Pour s'inviter au débat et prendre contact avec les consommateurs, les entreprises doivent passer d'un site transactionnel qui se contente de publier des informations et de vendre à un site relationnel basé sur la communauté et son engagement.

Selon les Google Trends, outil d'analyse des sites internet du moteur de recherche Google, depuis 2007 tous les sites d'entreprise sont en déclin. Les visiteurs s'y rendent de moins en moins : *New York times*, Sony, Dell, BMW, Adidas, etc. En revanche, les comptes d'entreprise Facebook, Twitter, FriendFeed, Linkedin et autres ne cessent de croître. Ceci s'explique par une préférence pour l'interaction avec les marques rendue possible sur les réseaux sociaux : on peut y partager avec ses amis le dernier article du *New York times* et laisser un commentaire sur la page Facebook de Sony. Aussi, avec un réseau social, plus besoin de quitter l'interface et de faire des allers-retours dans son navigateur : le moteur de recherche du réseau se supplante à Google ou Ask.com. Et enfin, les entreprises abandonnent elles-mêmes leur site de présentation pour des chaînes Youtube, un compte Twitter, une page Facebook, etc. Il s'agit du off-site : des sources et plateformes dans lesquelles elles doivent être présentes pour capter l'attention des internautes.

Les règles de publication d'un blog à respecter :

– **point de vue subjectif** (1re personne) ;

– **diversité des publications** : parlez de vos produits mais aussi de l'actualité en général ;

– **échange et réponses aux commentaires** ;

– **liens direct vers vos Twitter, page Facebook, page Youtube**… (sous forme de widgets ou d'icônes, voir plus bas pour comment les installer).

▶ Comment l'organiser ?

Il vous faut un site internet en .fr, .com ou .net, cela donne du poids et du sérieux à votre activité même si seul il ne sert à rien. Ce site que vous pouvez construire gratuitement avec les plateformes de blog donnera un lien simple vers votre CV ou biographie d'entreprise, vos réseaux sociaux et votre portfolio* (les photos témoignant de vos travaux effectués : hébergez ce contenu sur le réseau Flickr ou Carbonmade.com).

Respectez votre charte graphique sur tous vos sites communautaires, vous êtes une identité et votre lecteur doit vous identifier visuellement et mémoriser votre image de Youtube à Facebook. Si vous êtes webdesigner, photographe, journaliste inscrivez-vous sur Behance.net qui offre un portfolio très convaincant online. Le musicien lui ira sur MySpace et Reverbnation qui proposent un kit alliant vos vidéos Youtube, bio et chansons sur le même widget. Faites des captures d'écran de ce qui peut intéresser :

– le nombre de vos visiteurs sur Youtube ;
– des commentaires marquants ;
– des blogs parlant de vous ;
– une radio ou TV qui vous diffuse.

Des preuves d'interactivité valorisent votre image.

▶ Quelle plateforme choisir ?

❯ Le blog Over-Blog.com pour les associations et artisans

Son design est très classique, trop même, mais vous serez automatiquement bien référencé sur Google et sa communauté est pro-active. Elle contient plus de 650 000 blogs pratiquement tous français donc si votre cible est française, il faut s'y inscrire. Allez sur over-blog.com et créez votre journal en ligne en quelques clics. Vous pouvez directement modifier les couleurs dans votre tableau de bord mais il est fort possible que vous retrouviez votre design chez un autre blogger. Les *templates*, ces différentes mises en page, sont très limitées alors recourez à un webdesigner pour vous réaliser la bannière située en haut de votre page. Aujourd'hui, grâce à Overblog, tous les blogs sont répertoriés dans un annuaire qui distingue les blogs musicaux des blogs de cuisine ou sportifs. Une idée géniale qui en fait le site de blogs numéro 1 en France et qui permet surtout d'augmenter très rapidement le nombre de vos visites et de relier les passionnés de votre domaine d'activité.

L'inscription est gratuite

www.over-blog.com

Le + = une forte communauté, l'annuaire numéro 1 des blogs

Le − = un design très classique, les bannières publicitaires

› Wordpress pour tous les professionnels

Si vous ne voulez pas d'un blog amateur où apparaissent les coordonnées de l'hébergeur et du spam, il vous faudra connaître un minimum le codage. Si c'est le cas, tentez l'expérience avec Wordpress qui rend tout cela très facile. Achetez un nom de domaine sur Ovh.com comme ça finies les extensions telles que « blog.wordpress.com » et hébergez la dernière version de Wordpress. Vous aurez le même type d'interface en français qu'Overblog et vous pourrez modifier l'un des milliers de thèmes proposés. Cette plateforme de blog est utilisée par *Time Magazine* et la majorité des professionnels car tout y est modifiable et que des centaines de plug-ins existent. Plus besoin de recourir à un programmateur ou de payer des milliers d'euros pour un site et son entretien. Le plug-in Global translator, par exemple, permet de traduire votre site dans toutes les langues du monde et chose importante, Twitter est automatiquement intégré à votre blog sous forme de widget. En version gratuite, votre adresse sera obligatoirement en monnom.wordpress.com, mais vos posts seront visibles par les autres utilisateurs de Wordpress sur la page d'accueil, soit des millions de gens. Pensez à créer une page pour la vente de vos produits et mettre en titre « boutique » ou « store » plutôt que de payer des centaines d'euros pour un site d'e-commerce.

Inscription gratuite mais hébergement de votre site en .com payant www.ovh.com (pour acheter le nom de domaine)

http://wordpress.org/download/ (pour télécharger Wordpress)

Le + = apparence d'un vrai site internet officiel, boutique en ligne, plug-ins* très nombreux pour améliorer l'interface et rendre ludique la navigation

Le − = si vous ne placez pas vos liens vers vos réseaux sociaux, vous vous retrouverez avec un site catalogue sans intérêt.

› Focus : Tumblr, le premier blog social

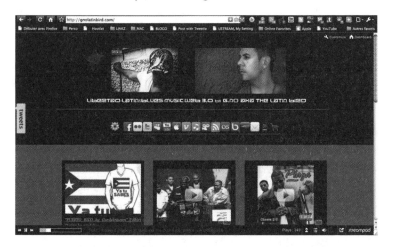

C'est à New York en 2007 que naît Tumblr, plateforme de blog forte d'une équipe de jeunes développeurs. Pour la première fois dans un blog, tout est pensé pour interagir comme la fonction Reblog, c'est-à-dire publier un lien qu'a posté un autre utilisateur (le RT* dans Twitter !). La version française n'existe pas encore à ce jour. Vous pouvez poster tous les médias possibles et vos liens favoris sous forme d'articles comme dans tous les blogs. L'inscription est très simple et vous aurez en deux minutes une adresse en http://monblog.tumblr.com.

Vous pouvez aussi acheter un nom de domaine et le diriger vers votre Tumblr. Ajoutez dans « info » votre photo de profil qui apparaîtra en miniature sur la barre de recherche des navigateurs : le Favicon, une façon de vous reconnaître rapidement puisqu'il se greffe automatiquement aux Favoris d'un ordinateur.

Comme dans Twitter, Tumblr vous propose de suivre d'autres utilisateurs et donc de recevoir leurs derniers articles dans le tableau de bord ou Dashboard*. Vous trouverez ici beaucoup d'utilisateurs de Twitter, des photographes et des designers, et surtout des fans de nouvelle technologie. Aussi, ce blog répond à la demande d'interaction qu'attendaient les auteurs de blog.

Un design très tendance

La première chose qui donne envie de faire partie de la communauté Tumblr c'est son apparence. Les thèmes (l'apparence du blog que vous pouvez choisir) sont originaux et futuristes, donc pour l'instant vous n'aurez pas cinq cents personnes qui ont le même décor dans votre entourage comme c'est le cas sur Blogger, Vox ou Overblog. Vous pouvez d'ailleurs modifier et personnaliser les thèmes en cliquant sur Customize dans votre Dashboard : couleurs, fond d'écran, bannières, etc.

Armé pour le microblogging

Vous ne serez donc plus seul dans votre blog. Pour du passage, le fait d'ajouter des mots-clés n'est plus suffisant (rassurez-vous Tumblr vous le propose lors de la publication de vos articles en écrivant des mots en rapport avec le contenu de votre post dans Tag), il vous faut absolument être reliés aux sites communautaires les plus visités pour être référencé correctement. Les messages ultra-courts que l'on appelle update ou microblogging sont désormais plus lus que les articles entiers. Ils donneront envie d'ouvrir la page vers laquelle ils pointent seulement s'ils sont alléchants pour le visiteur. Il s'agit donc d'être réactif, pertinent et très présent sur la toile. Tumblr intègre mieux que ses concurrents votre

Facebook et votre Twitter dans son interface où des millions d'internautes sont tout le temps connectés et friands de nouveaux sites.

Ainsi, dès que vous posterez un article depuis votre iPhone ou votre navigateur il apparaîtra automatiquement dans votre mur Facebook et Twitter avec le titre de votre article comme update.

Un Twitter avancé

Autre avantage, Tumblr peut importer et publier automatiquement les flux RSS* de 5 sites maximums, c'est-à-dire publier automatiquement l'actualité d'un autre site, y compris votre site officiel, votre blog Vox, Blogger, LiveJournal ou Wordpress. Toujours dans le menu Customize allez dans Advanced pour permettre aux visiteurs de vous suivre (avec le bouton Follow que vous verrez ainsi apparaître en haut à droite de votre affichage public) en cochant Promote Tumblr ! et choisissez Enable audience submissions, vous pourrez ainsi inviter qui vous voulez à publier sur votre blog. Vous pouvez aussi créer plusieurs blogs avec un seul compte, un pour votre produit X l'autre pour votre produit Y : cliquez sur Create another blog dans le Dashboard. Tumblr est déjà dans le futur, le but est de dépasser Twitter : la génération Twitter ne fait plus de commentaires, elle reposte un sujet ou fait un @. Tumblr a gardé les commentaires (cochez Enable Replies dans Customize puis Advanced pour permettre à ceux qui vous suivent de commenter vos posts).

Inscription gratuite

www.tumblr.com

Le + = un design de pointe, le premier blog social, possibilité de créer plusieurs blogs avec un seul compte (idéal pour différents produits)

Le – = peu d'utilisateurs à ce jour

Pour aller plus loin : conseils pour les bloggers

– Le plug-in Social Links sur Wordpress permet d'afficher tous vos liens sociaux sur la même page de votre blog/site. Tous les plug-ins de Wordpress sont accessibles sur : http://wordpress.org/extend/plugins/

– Twitter et Facebook proposent dans leur interface des widgets pour afficher vos comptes dans ces sites sur votre blog.

– Addthis.com offre des boutons de partage à la fin de chacun de vos articles (Digg, Twitter, Facebook…), ainsi un visiteur peut publier à son tour votre billet sur la plateforme de son choix.

– Importez vos bannières de publicité, les liens de vos réseaux sociaux à l'aide de codes HTML (entrez dans les codes du blog et insérez-les).

– L'application Facebook Connect fidélise les utilisateurs Facebook qui passeront par votre blog : ils peuvent se connecter à votre site sans donner leurs coordonnées. Un moyen intéressant pour connaître le nom de vos visiteurs et en faire des amis sur Facebook. De plus, leurs commentaires sur votre site sont ainsi publiés automatiquement sur leur mur Facebook et apparaîtra sur le mur d'information de leurs amis. (http://developers.facebook.com/setup.php?step=upload_file pour la créer)

– À défaut de Wordpress, Kazeo.com est une alternative française utilisée par des radios et entreprises. Elle accepte des plug-ins comme Wordpress.

– Inscrivez votre site sur Google Analytics (google.com/analytics) pour analyser l'activité de votre blog (le passage). Avec l'iPhone, les résultats sont visibles sur l'application Analytics Lite.

– Choisissez un nom ultra-évident, en rapport direct avec votre activité du style « Sports équipement Z » ou « Jeux vidéos X », il faut toujours penser à la façon de faire une recherche sur Google : des mots évidents.

– Taguez tout ce que vous publiez, c'est ce qui permet d'être bien référencé sur les moteurs de recherche.

– En plus de votre blog, inscrivez-vous sur tous les sites communautaires les plus connus et renseignez votre blog comme « site internet officiel », le but est de vous faire connaître, sinon ce sera encore un journal intime sans intérêt.

Pour aller + loin : les widgets et boutons, comment les placer dans votre blog ?

- Pour Twitter, allez dans Goodies puis Widgets ou Buttons pour récupérer le code HTML à placer dans votre blog. Copiez-le puis le collez-le dans Dashboard (tableau de bord)>Widgets>Text sur Wordpress, et Dashboard >customize>Info>Description sur Tumblr.
- Pensez à créer un badge de votre Page Facebook (voir plus bas pour explication de la Page Facebook) *via* « Promouvoir avec un espace Fans » pour exporter votre Page sur votre site internet et/ou blog. C'est un code HTML à placer dans le code de votre site et/ou blog. Si vous cherchez uniquement une icône Facebook, allez dans « Règles de promotion » pour la sauvegarder sur votre bureau.
- Si vous créez vous-mêmes vos icônes Twitter, Youtube, etc., hébergez-les sur imageshack.com puis copiez-collez le code au même endroit que les widgets et boutons vu plus haut.

Exemple : Facebook Connect en pratique

Login

f Connect with Facebook

Facebook Connect[1] est un outil qui permet à des sites tiers d'authentifier leurs visiteurs au moyen de leurs comptes Facebook. Plus de confort pour les internautes car ils n'ont plus à remplir de formulaires d'inscription pour des achats et un meilleur profilage pour une entreprise qui peut avoir accès aux informations privées que dévoilent un compte Facebook et mieux communiquer sur ses produits puisque la visite et l'achat sur leur site est mentionné sur le mur Facebook des internautes.

Bluenity.fr est un voyagiste online qui a fait de son site officiel un véritable blog 2.0. Il utilise l'outil Facebook Connect pour transformer les visiteurs en membres de leur club. En s'inscrivant, le membre publie un profil public (photo, biographie) et ses préférences de voyages : destination, aéroport favori etc. Tout cela va lui permettre de trouver des voyages sur mesure et de rencontrer d'autres utilisateurs aux atomes

---

1. Depuis avril 2010, c'est l'Open Graph Protocol qui devient la nouvelle version des API d'intégration Facebook : ce site peut ainsi exporter, entre autres, la page Facebook, les fonctions de partage de contenus et de commentaires sur l'ensemble du contenu du web. Un utilisateur inscrit sur Facebook pourra par exemple « aimer » une publication d'un site internet utilisant l'Open Graph. Son commentaire et la trace de sa visite sur ce site web seront ainsi connus par Facebook, ce qui ravit les publicitaires.

crochus. Le lien de son compte Facebook apparaît et permet ainsi de devenir « ami » avec ces nouveaux contacts. Une expérience unique pour l'internaute qui devient quelqu'un vis-à-vis du produit proposé et agrandit sa communauté. À retenir !

› La page Facebook

Au vu du nombre de membres Facebook et de l'utilisation croissante de son moteur de recherche interne, la page Facebook doit faire office de déclinaison directe de votre site internet pour capter des internautes actifs. 1,5 million d'entreprises sont d'ailleurs inscrites sur le réseau social numéro un. Tout le monde, y compris les non-utilisateurs de Facebook, peut y accéder depuis un navigateur internet.

La page Facebook, contrairement au compte, n'a pas de limites d'ajout de contacts (5 000 amis sont possibles sur un compte au maximum) : iTunes compte plus d'un million de « fans » par exemple (les membres s'appellent les fans). Aussi, comme dans le groupe Facebook, en désignant plusieurs administrateurs[1] vous pourrez contourner le chiffre des cinquante possibilités maximum d'ajout en ami par jour par personne (quand vous ne respectez pas cette règle, votre compte est supprimé ! envoyez un ou plusieurs e-mails à warning@facebook.com, car il n'est jamais définitivement supprimé).

Ne pensez pas qu'avoir une page de fan est pompeux : c'est un outil de promotion efficace et vous pouvez recruter dans le monde entier en cliquant sur Recommander à des amis. Vous pourrez envoyer un e-mail à tous vos fans en un seul clic avec Envoyer une mise à jour et répondre directement aux questions de vos fans sur le mur de votre page. Elle est accessible depuis l'iPhone avec l'application Facebook (téléchargement gratuit sur l'iTunes Store), mais les commentaires laissés par vos fans n'arrivent pas encore sur votre messagerie et impossible d'envoyer une mise à jour depuis le téléphone d'Apple. N'oubliez pas de placer sur

---

1. Avec Modifier la page > Administrateurs > Ajouter

l'encart de gauche situé en dessous de la photo de profil de la page votre fiche de contact : e-mail, numéro de téléphone, adresse, car la page cache le nom des administrateurs aux fans (contrairement au groupe Facebook).

Pourquoi un membre devient-il fan ?

Selon le groupe de marketing interactif FullSix, 64 % des fans de marques sur Facebook : « se disent prêts à encourager leur entourage à devenir clients de la marque en question. Les marques ont tout intérêt à développer une page fan sur Facebook dans une logique de développement de leur relation client et surtout de construction de leur réseau d'influence de marque. » « Les pages de fans permettent de renforcer la relation avec les fans : 61 % d'entre eux déclarent qu'être fan les conforte dans le fait d'être client de la marque. 36 % des fans déclarent même avoir changé favorablement leur opinion sur la marque depuis qu'ils sont fans », déclare Anne-France Allali, directrice générale d'OTO Research, l'institut d'études du groupe.

Il y aurait environ 5 millions de « fans »[1] sur Facebook en France en mars 2010. Tous les secteurs sont concernés mais 42 % des fans le sont d'une marque de mode. Ils le font car ils aiment la marque (71 %), parce qu'ils en sont clients (52 %), parce qu'ils en attendent des informations (41 %) ou des offres spéciales (31 %). Seuls 11 % des fans le sont devenus pour dialoguer avec la marque. Enfin des indications importantes : 69 % sont devenus fans d'une marque parce qu'ils ont vu que leurs amis l'étaient, 51 % par le biais d'une publicité ou d'une application, et 44 % en cherchant directement la marque sur le site.

---

1. Depuis avril 2010, il n'y a plus du « fans » sur Facebook mais des adorateurs qui choisissent non plus de « devenir fan » d'une page mais de cliquer sur un bouton « j'aime ». La différence n'est que sémantique mais profite aux créateurs de pages : aimer ça n'est pas forcément être fan. Il peut donc y avoir plus d'inscrits qui n'osaient pas s'afficher en tant que « fan », une notion forte de sens.

▶ Utiliser les applications fournies automatiquement

Le principe de la page Facebook est le suivant : vous partagez liens, vidéos, etc. sur le mur de la page et les internautes connectés à Facebook réagissent :

– **Articles :** vous pouvez publier articles et photos plus liens HTML tout en y tagant (taguer c'est indiquer qu'un utilisateur Facebook est mentionné dans votre publication) qui vous voulez. Idéal pour le lancement d'un produit par exemple. Faites un copier-coller de votre article paru sur votre website si vous ne souhaitez pas aller plus loin dans la recherche d'applications.

– **Discographie :** si vous êtes un groupe de musique voici un moyen de mettre en lumière votre musique : renseignez vos albums, pochettes, tracklists et URL de vente.

– **Événements :** reliez votre page à des événements personnalisés tels que jeux concours, rendez-vous, sortie officielle d'un produit. Invitez sans limites et désignez des relations publiques, personnes recrutées pour drainer du monde) : ils inviteront à leur tour leurs amis.

– **Lecteur de musique :** pour vous chanteurs ou producteurs, voici le moyen de faire écouter directement vos chansons en y intégrant un lien pour les acheter. L'onglet Statistiques de la page vous permettra de comptabiliser vos écoutes.

– **Statistiques :** tout y est renseigné pour vous qui souhaitez contrôler votre impact sur vos visiteurs. Le nombre de nouveaux fans et fans retirés, le nombre de lectures de vos articles, vidéos et musique. La provenance, le sexe et l'âge de vos admirateurs. Quel site internet vous donnera gratuitement le nom et prénom de vos fans ? Vous n'avez ainsi plus besoin de recourir à un site externe pour analyser votre audience. **(voir chapitre 5)**

Aussi, à partir de 1 000 fans, vous choisissez votre adresse internet : http://www.facebook.com/nomchoisi.

Pour aller plus loin : comment créer une page et installer des applications sur Facebook ?

Créez tout d'abord un compte Facebook puis préparez votre pièce d'identité, Facebook va vous demander de la scanner pour activer votre page (dans certains cas). Cliquez sur le logo Facebook (en haut à gauche) puis Publicités et pages et Créer une page et laissez-vous guider. Choisissez la catégorie :

– Local (pour les associations, artisans, commerces).

– Marque, produit ou organisme (pour les grandes enseignes).

– Artiste, groupe ou personnalité (pour les artistes et people), et le nom de la page (optez pour votre nom de société).

– Pour installer des applications, cliquez sur le logo Facebook puis applications, tapez le nom recherché sur Recherche, cliquez sur l'application et Ajouter à ma page ou Accéder à l'application puis Autoriser l'application. Ensuite, allez sur votre page, Modifier : page et dans Applications, Modifier et Paramètres de l'application pour régler les paramètres. Vous pouvez faire en sorte de pointer l'URL de votre page Facebook vers une de ses applications : pour cela allez sur le mur de la page puis Options>Paramètres>Onglet par défaut pour tous les autres>et choisissez quelle application ».

– Des applications gratuites à installer :

– L'application « FBML » permet d'importer des codes HTML, par exemple des boutons paypal, des bannières publicitaires personnalisés : votre page se transforme alors en e-boutique. Les codes HTML dans FBML permettent de personnaliser le design de la Page pour en faire un site d'entreprise complet (avec une biographie, des illustrations, etc.).

– Ping.fm pour que votre *update* Facebook soit pilotable depuis le site Ping.fm (qui met à jour tous vos statuts de tous les réseaux sociaux au même temps **voir annexe**)

– RSS for Pages qui publie sur le mur de votre Page le filet RSS donc les articles publiés sur votre site officiel ou blog par exemple.

– My Flickr pour publier sur votre Page votre bibliothèque de photos Flickr.

– My Poll pour lancer des sondages en ligne

– Tumblr si vous avez un blog Tumblr pour automatiquement publier son contenu.

– Youtube et Twitter for Pages pour importer vos profils de ces réseaux

❱ La navigation

La page Facebook s'organise comme un blog ou site internet : une navigation située en haut de la page sous forme d'onglets. Un onglet est ici une application. Allez dans applications > paramètres de l'application pour ajouter l'application sous forme de « case », c'est-à-dire sur la colonne droite de navigation de la page où se situe le nombre de fans, etc. Vous pouvez déplacer manuellement les cases et onglets dans l'ordre que vous souhaitez.

❱ Votre journal en ligne

– Aujourd'hui, il est préférable de diffuser autour de vous votre adresse Facebook que celle de votre site internet. Le cas échéant, vous risquez de perdre du trafic et les visiteurs seront beaucoup moins fidèles. En les transformant en fans vous les invitez à participer plus encore que dans un blog qui ne permet que des commentaires. Ici photos, articles, vidéos et mêmes sondages sont possibles pour eux tout en restant sur leur site favori. Votre cible passe du temps sur le web dans les sites communautaires et en faisant vivre votre page vous apparaissez sur la page d'accueil de leur profil. De plus, avec le flux RSS de votre site internet intégré sur la page, la boucle est bouclée : vos news se répercutent immédiatement sur Facebook.

À SAVOIR

Le groupe Facebook requiert également au préalable la création d'un compte Facebook et demandera de vous inscrire sur une des catégories de groupes. Idéal pour définir votre secteur d'activité.

▶ Tous les sites internet deviendront-ils une page Facebook ?

Selon le *Wall Street Journal*, Facebook devrait présenter l'Open Graph API, une technologie permettant aux webmasters de transformer une page sur leur site en « page fan » et d'y rajouter des widgets proposés sur le réseau social. Une fois cette page modifiée par le site, une notification sera envoyée aux fans de la marque, ou du marchand. Selon la presse américaine, cette initiative de Facebook visant à partiellement intégrer à sa plate-forme d'autres sites web pourrait à terme déboucher sur le lancement d'une prise en régie d'un réseau de sites utilisant ses services.

Le compte Twitter

Facebook est indispensable, mais sa connexion avec les moteurs de recherche génériques du web est encore faible : le contenu est partagé sur Facebook entre amis, et peut apparaître en résultat de recherche sur Google mais sur Twitter, le partage sur la place du web est de rigueur et des moteurs de recherche externe sont dédiés à la recherche sur Twitter. Un tweet peut se retrouver sur Delicious, Digg ou Friendfeed qui ont fonction, entre autres, de récupérer le contenu Twitter. Il est donc obligatoire de créer un compte Twitter pour capter l'attention de ceux qui n'utilisent pas les réseaux sociaux ou qui ne sont pas sur Facebook.

Twitter offre gratuitement : la diffusion de news, des commentaires d'actualité, les réponses à vos consommateurs et fans, le lien vers votre site internet et/ou blog. Personnalisez l'arrière-plan avec votre logo et vos contacts : e-mail, blog et URL de tous vos réseaux sociaux y compris la page Facebook car sur sa colonne de droite, Twitter ne pointe que sur une seule adresse au choix : votre site internet.

Votre photo doit être votre logo, vous devez être reconnaissable. 140 caractères doivent suffire à lancer vos messages publicitaires, mais si votre compte se contente de spammer et d'être robotique, ce sera l'échec garanti. Il faudra employer la première personne, rebondir sur des sujets d'actualité même ceux qui sont à mille lieues de votre activité. L'objectif est d'apparaître sur le mur général des publications mondiales de ce site et d'apporter du contenu intéressant : celui qui ajoute une plus-value à ce qui est dit.

Google Buzz

Ce réseau social est le plus récent mais son succès fut immédiat. Buzz est relié à Gmail qui est un des clients de messagerie les plus utilisés sur internet. En créant un compte Google et en transformant votre mailing list (la liste de vos contacts e-mail) en abonnés (c'est le terme utilisé par Buzz pour désigner les contacts qui décident de suivre votre actualité), vous les impactez directement sur leur interface de messagerie Gmail. Le buzz apparaît juste en dessous de la boîte de réception et indique le nombre d'actualité disponible. Connecté à votre Twitter, Flickr, Youtube, Picasa, vous avez la possibilité de relayer votre information à votre mailing list qui ne serait pas inscrite sur un de vos réseaux sociaux. Publier la newsletter, du moins un lien vers sa page (pensez toujours Twitter : messages brefs et compréhensibles), est indispensable car tout le monde n'est pas encore membre des réseaux sociaux et, surtout, inscrit en tant qu'« ami » avec vous. Buzz aide donc à franchir la barrière bien réelle entre contact distant « business » (l'e-mail) et contact intime d'un réseau social (l'ami).

Le dossier de presse (Presskit)

Le dossier de presse est la façon officielle de communiquer sur un contenu à vendre. Sa forme évolue avec le net alors profitez-en, vous allez économiser du papier, des timbres, des cd et dvd.

Inutile de vous rappeler qu'il faut au préalable s'être créé une boîte mail professionnelle (ex : contact@votresite.com). L'objet de votre courriel devra être pertinent (ex : marque X, le nouveau buzz* du net) et donner un lien unique vers votre page Facebook par exemple pour inviter à la réaction. Sélectionnez vos meilleures réalisations (vos plus belles photos, designs, vidéo de présentation, captures d'écran de votre activité sur Youtube, Facebook, Twitter) et joignez cela sous forme de newsletter ou PDF. Hébergez ce PDF sur votre site.[1]

---

1. En allant sur votre client FTP (Cyberduck sur Mac par exemple) vous obtiendrez même un lien de l'URL direct à reporter sur votre e-mail. Mettez ce dossier de presse en avant sur votre site avec une bannière disant Téléchargez le presskit.

Pour aller plus loin : l'EPK ?

N'oubliez pas quelque chose de très important : la vidéo !
L'Electronic Press Kit est un film court présentant un produit online. Ouvrez Final Cut Pro sur Mac ou Adobe Première Pro sur PC pour les plus avertis. Sélectionnez vos meilleurs moments : extraits d'interview, discours, parole de fans. Ajoutez du texte et votre logo. Servez-vous des très bonnes présentations sur Imovie si vous n'avez pas de compétences en édition vidéo. Préparez ce film de 5 minutes maximum que vous allez exporter en .mov (le format commun et plus rapidement téléchargeable). Hébergez cette vidéo sur votre compte Youtube et donnez le lien sur l'e-mail. D'où l'intérêt d'ajouter des amis sur Youtube directement : chaque utilisateur, sur sa page, a un bouton Ajouter en ami. Ensuite, en bas de votre vidéo, cliquez sur Partager et envoyez-leur la vidéo à tous en une seule fois. Mettez également la vidéo en question sur la colonne de liens de votre blog Wordpress (la Sidebar) avec le plug-in Youtube Sidebar.
Une solution plus professionnelle est de recourir à de la vidéo HD (haute définition), plus qualitative et de l'héberger sur Vimeo, le site de la vidéo business. Avec un compte payant vous pouvez personnaliser le contenu et son interface beaucoup plus esthétique que Youtube a de quoi séduire. Dans la même veine, Viddler est un site d'hébergement vidéo qui propose d'importer votre logo dans les films que vous chargez. Rendez-vous dans le **chapitre 3 Quel site vidéo choisir** pour savoir sur quel site publier sa vidéo en fonction de son secteur d'activité

La social newsletter

La newsletter est un moyen de communication directe (ou « viral ») reconnu depuis le début d'internet. Mais depuis que les réseaux sociaux ont pris place, il est possible de relier l'e-mail aux sites communautaires pour étendre sa présence web et donner un visage à la mailing list. Selon le site eMarketer, les équipes marketing n'utilisent encore que très peu le transfert d'e-mail dans les réseaux sociaux, alors que c'est une habitude dans la messagerie. Ajouter des boutons de liens sociaux avec Addthis.com à une newsletter permet à vos lecteurs de partager votre information sur le réseau social de leur choix. Vos comptes Facebook, Twitter et Linkedin doivent également être placés au bas de votre newsletter sous forme d'icônes. Créez donc des icônes Follow us on Twitter et Become a Fan on Facebook, il en existe des centaines libres de droit sur la toile (cherchez Social netwoks icons sur Google). Il faudra également faire de la cross-promotion, c'est-à-dire inviter vos contacts des réseaux sociaux à s'inscrire à votre newsletter car il n'y a pas de possibilité de récupérer les e-mails de vos contacts des réseaux sociaux si ce n'est de regarder un par un chaque compte dans les informations du profil (si vous en avez le temps !). Sachez que la quête de l'e-mail privé d'un consommateur n'est plus le saint Graal avec les réseaux sociaux car un mail envoyé à l'intérieur d'un réseau arrive automatiquement dans sa messagerie privée. Il faut donc plutôt consacrer son temps à multiplier les comptes de réseaux sociaux pour aller à l'encontre directe de votre cible : par âge, lieu de résidence, etc. et leur faire une demande en ajout. Sachez que même Outlook, célèbre client de messagerie, prépare même une version « sociale » incluant les publications des membres de réseaux sociaux dans l'envoi et la réception d'e-mail. L'enjeu est d'intégrer des solutions d'interaction à l'e-mail. Encore une preuve de ce nouveau web social…

Résumé

Savoir se présenter c'est savoir se vendre. Un design sans faille que l'on retrouve partout sur la toile, un site internet ou plutôt un blog participatif, et une présence sur Facebook et Twitter sont un minimum dans l'ère du 2.0. Cela va améliorer d'une part votre référencement sur Google qui prend de plus en plus en compte les résultats des sites communautaires, et d'autre part votre visibilité au sein des réseaux sociaux qui deviennent à leur tour des moteurs de recherche.

Le blog et votre boutique en ligne peuvent être mixés pour ne devenir qu'un avec Wordpress, ce qui allégera vos coûts de production.

Recourir à un webdesigner pour votre logo, bannières de publicité et charte graphique est la seule obligation payante car la qualité de votre image donne une indication de la qualité de vos produits.

Apprendre Wordpress se fait en quelques jours et la mise à jour des publications est simple, pas besoin d'employer un programmateur.

Tumblr et d'autres plateformes de blog inspiré des réseaux sociaux peuvent également faire office de site internet officiel en y ajoutant une partie boutique (par exemple sous forme de boutons paypal, le site du paiement en ligne).

Enfin, intégrer à la newsletter les liens de vos réseaux sociaux donne l'image d'une société jeune propice à l'échange.

Quels sites choisir si je suis… ?

Sommaire

Même s'il faudrait être présent sur tous les réseaux sociaux sans exception pour multiplier les chances de notoriété, il existe des leaders : Facebook traduit dans plus de cent langues et Twitter avec ses 1.2 milliards de tweets par mois, qui sont les nouvelles autoroutes d'internet et, par extension, du monde moderne. Certaines marques ne se concentrent que sur ces deux sites pour asseoir leur visibilité car ils canalisent la plus grande partie des internautes actifs. Cependant, en fonction de votre domaine d'activité, il y a des choix à faire pour atteindre vos consommateurs.

Conseils pour tous

▶ Travaillez votre image

Assurez-vous d'avoir préparé à moindre frais le contenu que vous allez décliner partout : le design et le discours. Différenciez-vous tout en restant fidèle à vous-même car le mensonge se voit dans un contact « réel » (une conférence, réunion). Recrutez de jeunes webdesigners, photographes ; internet compte des milliers de passionnés talentueux capables de travailler bénévolement pour se faire connaître (**voir chapitre 2** pour plus de détails).

▶ Suivez les tendances

L'internaute trouve dans les réseaux sociaux l'appartenance à une communauté propre, de nouveaux amis et des professionnels qu'il est fier de connaître virtuellement. L'entrepreneur, quant à lui, peut lancer une campagne de communication à coût réduit. Il a la possibilité de cibler sa clientèle grâce aux modules de recherche et d'étendre son produit au monde entier avec pour seul frais une connexion internet et quelques mots d'anglais (servez-vous de la langue de Shakespeare pour toucher le reste du monde si vous pouvez exporter ou étendre votre activité à l'étranger).

Chaque communauté a sa particularité. Il s'agit d'aller là où les internautes surfent en masse même si le design de ces sites peut vous repousser. Pour cela, renseignez-vous sur Mashable.com qui donne les dernières nouvelles du milieu des réseaux sociaux. Aussi, ouvrez un fichier word que vous placez dans l'application Dropbox (un logiciel qui permet d'accéder à ses fichiers depuis tous les ordinateurs de la planète et de l'iPhone) et sauvegardez tous vos logins* et mots de passe car vous risquez de vous y perdre !

PME ou entreprise

La force de frappe des multinationales est telle que les entreprises connues ne font que perpétrer leur réputation sur les réseaux sociaux. Il s'agit surtout de valoriser leur message et de donner l'impression que tous les clients sont des fans. Leur budget est conséquent et des équipes entières s'occupent au marketing de pénétrer le web social : création de faux blogs et faux comptes, gestion de buzz et bad buzz, création de postes de « community managers* » (des experts des réseaux sociaux).

Pour les professionnels, les premières sources d'information sur internet sont les portails professionnels et les moteurs de recherche, autrement dit un des aspects des réseaux sociaux tels que Viadeo, Linkedin, Digg ou Twitter. Pour une entreprise sans moyens ou avec un budget réduit pour le web, s'inspirer de ces nouvelles techniques de dynamisation de la marque est indispensable.

❱ Les employés et les réseaux sociaux

Avant de commencer, il faut s'assurer d'avoir créé un compte pour chaque employé sur Viadeo, Twitter et Linkedin (c'est à eux de le faire, bien sûr). Le demander à son équipe c'est promouvoir l'entreprise :

chaque employé va ajouter ses amis et contacts et ainsi faire parler de votre activité. La notion de groupe prendra là tout son sens : chacun véhicule inconsciemment le discours de la société et permet de mettre un visage humain sur les messages publicitaires. Leurs cartes de visite doivent désormais intégrer leurs adresses dans les réseaux sociaux (page Facebook de la société par exemple).

▶ Créer des profils partout ?

S'inscrire sur tous les sites communautaires n'est pas nécessaire mais c'est un plus qui peut faire la différence : chez Bebo, Netlog et Tagged, les utilisateurs sont des jeunes du monde entier cherchant à rencontrer de nouveaux amis. On ne peut y créer un compte professionnel (pas d'équivalent d'une Page Facebook), il faudra donc créer de faux profils consommateurs : une jolie fille ou un joli garçon, habillé de votre marque, a plus de raisons d'être vu qu'une photo du produit seul. D'ailleurs, sur l'ensemble des réseaux sociaux, les profils « tendance » : people, mannequins et « belles » personnes (retouchées sur Photoshop, design clinquant) sont ceux qui attirent le plus de visites. Sur Twitter et Myspace, Tila Tequila et iJustine sont deux très jolies jeunes filles riches sans réel talent qui servent d'appât pour les plus grandes marques : engagées par des entreprises, chacune teste des produits, en fait un article depuis leur blog qui devient tweet et message Facebook. Des millions de gens les lisent et finissent par vouloir les imiter. N'oubliez pas que la recherche d'actualité des people et le phénomène de prestige sont premiers sur le web comme dans le monde réel. Tout peut et doit y briller, surtout pour une entreprise.

▶ La page Facebook, un must

La page Facebook est un passage obligatoire : le client n'est plus consommateur mais « fan » de votre marque. Ce changement inspiré de la manière de promouvoir les artistes apporte de nouveau la dimension de

« rêve » et d'identification poussée que l'on trouvait dans la publicité télévisée des années 50-60. Multiplier les pages et groupes Facebook pour chaque produit est important, car un fan de l'appareil photo Nikon D3S n'est peut-être pas fan de Nikon en général et veut sûrement retrouver d'autres utilisateurs de ce produit seulement. Si vous créez donc une page par produit, pensez à les relier en cliquant sur Ajouter à mes pages favorites en bas de la photo de profil de la page. Ils seront ainsi affichés dans la case Favoris de chaque page. Sur cette page vous pourrez vendre vos produits directement à l'aide d'applications permettant d'importer des codes HTML (**voir chapitre 2, encadré Comment créer une page et installer des applications sur Facebook ?**).

Pour aller plus loin : faites participer vos employés sur Facebook

Les employés du Club Med sont pour la plupart inscrits sur la page officielle Club Med, ce qui donne une véritable valeur ajoutée à la marque : cela sous-entend que les employés croient en leurs propres produits.

Puma a ajouté à sa page, un onglet Employees only où chaque employé de Puma à travers le monde peut s'inscrire et publier son portrait : une citation, ce qu'il aime et ce qu'il n'aime pas, une photo portrait. Cela valorise les équipes et témoigne d'un côté familial important pour l'internaute qui voudra toujours donner un visage à ses marques favories. Aussi, lancer un groupe privé sur Facebook dédié aux seuls employés et collaborateurs peut être une bonne idée pour remplacer le journal officiel de l'entreprise par un moyen de communication intéractif. Les employés pourront crée un profil privé pour l'occasion et régler les options de confidentialité pour empêcher l'intrusion dans la vie privée des collègues. Il est donc indispensable de consacrer un certain temps à les administrer. La vie au bureau est la même sur les réseaux sociaux : on peut y décider qui sait quoi, qui voit quoi ; une chance à saisir dès l'inscription !

▶ Que choisir, le compte, la page ou le groupe Facebook ?

Un compte sur Facebook n'est pas une page ou un groupe Facebook. Mais il vous faudra obligatoirement avoir un compte à votre nom pour lancer une page professionnelle publique car ce site américain va vous demander de scanner votre pièce d'identité. Vous choisissez le secteur d'activité lors de l'inscription à la page, un critère intéressant puisqu'il donne de la visibilité dans cette vaste communauté. La page est l'équivalent du compte sur Youtube : vous avez accès à une plateforme d'analyses des visites très complète. De plus, vous pouvez désigner plusieurs administrateurs qui vont ainsi pouvoir puiser dans leurs amis respectifs pour effectuer une recommandation, c'est-à-dire les inviter à devenir Fan de la page. La Mise à jour est un message que vous envoyez à tous les fans de la page au même temps, mais elles sont peu consultées par les utilisateurs de Facebook car elles sont rangées dans l'onglet Mises à jour dans la boîte de réception. C'est pour cela qu'un groupe Facebook a son intérêt : les messages envoyés aux membres apparaissent directement dans la boîte de réception. Le groupe est un forum de discussion sur Facebook. Le compte, lui a une limite de 5 000 amis, donc créez en plusieurs pour ajouter le maximum de monde. Privilégiez les mises à jour (l'update) dans la page car elles apparaissent dans le mur d'actualité de vos fans.

▶ L'utilisation des réseaux sociaux en entreprise pose-t-elle un problème ?

Certaines organisations, publiques ou privées, ont décidé de limiter l'accès aux réseaux sociaux car ils ralentissent l'activité de leurs employés. En Inde, 40 % des employés avouent avoir crée leur profil durant leurs heures de travail. D'autres entreprises aux États-Unis comme la Federal Agency autorisent l'accès pour une de ses agences afin d'être en relation constante avec les clients, mais elle bloque Facebook et

Myspace aux autres employés trop souvent connectés à usage privé. Cette solution permet de faire la différence entre utilisation professionnelle et personnelle.

La messagerie instantanée, le blog et les commentaires sont les fonctions du réseau social les plus utilisées par les employés, une tendance que l'on retrouve dans les heures « loisir ».

Une autre idée serait de demander à l'employé de créer un compte professionnel sur Twitter et Facebook pour être en relation avec ses collègues mais aussi intéresser son entourage aux valeurs de sa marque : soirées d'entreprise, conférences, articles, etc. MSN Messenger est par exemple utilisé par plusieurs sociétés pour faciliter l'intra-conversation, mais Facebook ou un autre réseau social peut devenir un chat d'entreprise bien plus efficace puisqu'il s'intègre dans une logique de conquête client. L'employé a en plus la possibilité dans Facebook de créer des listes d'amis qui ont chacune accès à différentes informations. Ainsi la liste « collègues » aura par exemple un accès limité aux photos de la famille[1].

◗ Le compte Twitter

L'intérêt ? Vous êtes connecté directement avec les consommateurs grâce à l'envoi de mini-messages *via* le web, des applications mobiles ou le bureau de votre ordinateur, donc à tout moment de la journée. Plusieurs sociétés et même un café du Texas qui propose des soirées Twitter ont doublé leur clientèle grâce à leur communication sur le site de microblogging.

Les plus :

– **Vous êtes accessible.**
– **Vous maintenez le contact.**
– **Vous définissez votre image.**

---

1. Pour cela, faites Compte>Modifier la liste d'amis>Créer Liste d'amis puis Informations du Profil>Personnaliser pour « Photos et vidéos de moi ».

– L'étude de votre activité est immédiate.

– Vous diffusez plus vite et avec plus d'impact votre message.

Pour aller plus loin : existe-t-il des logiciels pour augmenter les visites et les contacts ?

Une page Facebook avec des milliers de fans vaut autant voire plus qu'une adresse dans le 8e arrondissement de nos jours. Cela signifie que votre marque est un succès populaire. Cependant, si des techniques existent pour doper les écoutes sur Myspace (**voir annexe**), aucune n'est possible sur Facebook ou Youtube. Les compteurs sont bien réels sur Facebook, il faudrait donc créer plusieurs faux profils, et sur Youtube le seul moyen serait de regarder ses propres vidéos des centaines de fois car un contenu qui ne dépasse pas 1 000 visites est une communication échouée. Sur Twitter, plusieurs sites proposent d'augmenter le nombre de *followers*, c'est déconseillé, il faut payer et vous ne récupérez souvent que des contacts qui n'ont aucun intérêt pour votre activité donc vous ne vendrez rien ainsi. Décidément, le web est le siège de l'internaute, non de l'entreprise. La qualité d'un produit et la provocation, souvent, constituent l'unique mariage qui crée le buzz (le succès sur le web : la communauté parle en masse de vous).

Vos réseaux et l'iPad comme outil commercial

L'attaché caisse donne souvent une image de représentant dépassé. Plutôt que d'utiliser un Pc portable ou un iPhone longs au démarrage, investissez dans l'iPad à moins de 500 euros, le nouvel ordinateur d'Apple, pour vos équipes commerciales. Présenter vos nouveaux produits n'a jamais été aussi facile rapide et intuitif avec cet appareil obéissant aux mouvements de votre doigt et connecté à internet avec la 3G (un portable est souvent en wifi, une solution qui ne fonctionne pas partout). De plus, commenter votre présence forte sur les réseaux sociaux peut séduire vos clients. Montrer votre portfolio Flickr, votre chaîne Youtube, donner vos liens Facebook et Twitter prouvera votre intérêt pour les nouvelles technologies et une politique en phase avec les habitudes des consommateurs.

Les réunions marketing

Intégrez à vos présentations de chiffres sur PowerPoint (plutôt Photoshop ou Keynotes sur Mac pour surprendre votre audience) des captures d'écran des réseaux sociaux. Les coulisses de votre chaîne Youtube ou de votre page Facebook et les statistiques Google Analytics (google.com/analytics, service gratuit) de votre blog permettront de commenter votre activité. Utilisez les outils de contrôle multi-interfaces tels que Tweetdeck présenté **en annexe**) et ceux exposés **au chapitre 5**. Rendez accessibles ces interfaces à vos employés pour suivre ensemble votre activité et obtenir des reportings en ligne.

La maison d'édition

Pour promouvoir vos livres sans acheter de publicité papier ou avoir recours à des RP (relations presse), créez un compte Twitter pour faire vos annonces de sortie et faites des recherches par secteur sur les listes Twitter pour impacter directement les potentiels acheteurs de vos livres. Créez un compte Google Buzz pour intégrer votre mailing list (vos contacts presse) à un réseau social animé et une page et un groupe Facebook pour ajouter et recruter des intéressés (choisissez la catégorie « livres »). Changez votre site pour un blog 2.0 tel que Wordpress, placez-y tous vos liens sociaux et d'achats de vos livres sous forme d'icônes et installez Facebook Connect (**voir chapitre 2**).

Les relations presse

Vous êtes en pleine évolution, les leaders du web 2.0 sont devenus aussi importants que vos précieux contacts presse : ils captent l'attention du public. Votre présence sur le web doit, à ce jour, se limiter à Facebook, Twitter et Google Buzz (et bien sûr Linkedin, Viadeo et un blog Wordpress pour présenter votre activité). Il faut ajouter en ami les professionnels du milieu dont vous faîtes la promotion, repérer sur Twitter les profils influents et les contacter pour des tests produits. Ils seront à même de faire le travail des journalistes professionnels : un article, un tweet (sur leur blog). Si un magazine papier vend environ 5 000 à 10 000 exemplaires en un mois, c'est désormais des millions de lecteurs par jour qui arpentent les réseaux sociaux et surtout Google Buzz et Twitter pour se tenir informé de l'actualité d'un domaine.

Le magazine papier

Créer une page Facebook et un compte Twitter est le minimum requis pour faire parler de soi et continuer de vendre du contenu papier. Donnez en avant-première le sommaire du prochain numéro, des abonnements gratuits à ceux qui invitent leurs amis à rejoindre votre page et reportez-vous aux **chapitres 5** et **6** pour animer votre présence. L'application smartphone est le futur de votre magazine dans la décennie à venir. Payante pour l'utilisateur, elle peut être installée sur un téléphone à grand écran comme l'iPad. Pensez donc à ce nouveau mode de consommation des livres et magazines, engagez un développeur et lancez-la dès maintenant sur le iTunes store. Bientôt tous les opérateurs auront leurs boutiques d'applications, alors préparez-vous ! Avoir un blog 2.0 comme site internet est préférable. Mariann2.fr, site du magazine Marianne, intègre sur sa page principale des boutons pour s'abonner au magazine, consulter le sommaire, rejoindre le groupe Facebook. Essayez, Drupal.org, le dernier blog 2.0 en date.

Le journaliste

Twitter doit être votre nouvel outil. C'est dur à admettre mais vous n'êtes plus le premier sur l'information : toute personne avec une connexion internet et un appareil photo peut publier et commenter ce qu'il voit, presque en temps réel. En revanche, ça n'est pas la fin de votre métier, bien au contraire, le monde aura toujours besoin de professionnels qui contrôlent et authentifient l'information. L'AFP n'est plus la source principale, désormais c'est Twitter, Youtube et toute cette publication humaine sur le web. Pour être au courant d'un domaine avant tout le monde, créez un compte Twitter et abonnez-vous à ceux qui publient le plus d'infos, ils veulent tellement être lus que c'est la course à l'information, mais ensuite faites le tri ! Acheter le logiciel Trendrr (trendrr.com), il sert à analyser les sujets cités sur les réseaux sociaux : par minutes, heures, sexe, lieu de résidence etc., recevoir des alertes quand un mot spécial est publié et connaître les URL les plus évoqués.

Employé, recruteur ou chercheur d'emploi

Le CV en ligne était mal vu il y a encore quelques années. Désormais, une identité numérique est gage de sérieux, cela prouve un attachement aux nouvelles technologies. On parle de *personal branding* (une personne doit penser comme une marque : une opinion, une profession, une ligne directrice), chacun doit prouver son expertise sur la place du web et faire attention de ne pas laisser de traces négatives sur les moteurs de recherche. Connaitre Photoshop, les langages CSS-HTML (qui sont les codes de structure d'un site et d'une page internet), le blogging et le social networking (le fait d'être actif sur les réseaux sociaux) sont des points positifs sur un CV.

Pour aller + loin : n'oubliez pas la confidentialité !

Dans une étude en 2008 par Keljob.com, 70 % des Français considéraient les réseaux sociaux web comme un bon moyen de faciliter leur recherche d'emploi. Dorothée Touil, responsable de Keljob.com conseille aux candidats d'être attentifs : « Avec le boom des offres d'emploi sur le web et la multiplication des réseaux communautaires professionnels, internet est aujourd'hui une vraie plateforme pour l'emploi. » Pour autant, les candidats doivent être vigilants, et surtout proactifs. Elle précise :« Pour être efficace, il ne suffit pas de s'inscrire. Il est important de faire vivre son profil. Mais attention à bien faire la distinction entre sphère professionnelle et vie privée. Toutes les informations ne sont pas bonnes à communiquer à votre futur employeur ! ». Encore une fois, régler la confidentialité de ses profils destinés à la vie privée est essentiel. Pour cela faites un test : recherchez votre nom sur Google et si c'est votre compte privé Facebook ou un tweet déplacé qui apparaît, vous n'avez pas correctement réglé votre confidentialité. Il est d'ailleurs possible de supprimer un tweet (allez sur le tweet et cliquez sur l'icône Poubelle).

▸ Le compte Facebook+Doyoubuzz

Si ces sites permettent de rapprocher candidats et recruteurs, il faut savoir gérer son image. Créer un profil Facebook public avec ses recruteurs potentiels comme seuls « amis » est souhaitable car les photos de vacances ou les commentaires d'une tante ne sont pas les bienvenues. Dans ce profil, vous pourrez importer le CV en ligne par excellence : doyoubuzz.com. (*via* les paramètres de votre compte doyoubuzz). Ce site propose des designs très convaincants et une communauté pro-active : de plus en plus d'inscrits et de plus en plus d'employeurs le visitent. Aussi, plusieurs sociétés y publient leurs offres d'emploi. Il n'y a pas de fonction Chat mais la messagerie directe peut être activée, ce qui en fait un réseau social reliant ses utilisateurs. Doyoubuzz permet à un visiteur de télécharger votre CV en format PDF, de placer des icônes de vos comptes Twitter, Linkedin, Viadeo, Blog, Facebook sur la page du CV mais aussi d'ajouter des vidéos de présentation. Un compte payant transformera l'URL doyoubuzz en nomprenom.fr, un réel plus pour un demandeur d'emploi : votre CV apparaîtra dans les premières pages de Google lorsqu'un recruteur tape votre nom ou votre secteur d'activité.

Doyoubuzz et les RH

Plutôt que de vous balader sur monster.fr ou d'autres sites pour recruter des profils intéressants, faites un partenariat avec doyoubuzz. Un job concours peut valoriser le poste que vous proposez : par exemple les meilleurs candidats seulement seront reçus en entretien. Préparez une page d'inscription pour les intéressés sur Wordpress, dites à Doyoubuzz de communiquer votre annonce, y compris sur Twitter. À la clé, vous toucherez directement une cible 2.0 habituée du nouveau web.

❱ Viadeo et Linkedin

Ces deux sites représentent le CV en ligne, idéal pour établir et conserver des relations professionnelles. La recommandation est la manière professionnelle d'ajouter un contact sur Viadeo et ainsi d'agrandir et renforcer son réseau. Que ce soit pour développer son business ou chercher un nouvel emploi, ces deux réseaux sont indispensables. Si Viadeo est davantage français, Linkedin peut vous ouvrir des portes à l'étranger. C'est pourquoi il vaudra mieux écrire son CV en français sur Viadeo et en anglais sur Linkedin. Une photo de profil type photo de passeport souriante est requise sauf pour les professions « artistiques » qui doivent refléter leur esprit créatif.

Viadeo pour développer son réseau

– Allez dans les hubs* (plaques tournantes) sur Viadeo qui sont des forums d'échange pour **rencontrer des salariés de votre domaine, animez des discussions et montrez votre expertise.**

– **Renseignez votre site internet dans Vos blogs en indiquant son secteur d'activité.** Il sera ainsi indexé dans la base de données de Viadeo et figurera dans les résultats de recherche.

– **Allez aux événements en rapport avec votre activité** (expositions, stages, rencontres).

– **Retrouvez les anciens élèves de votre école**, ils peuvent vous aider dans votre chemin professionnel.

– Dans Experts, **répondez aux questions posées** dans **votre secteur d'activité**, cela vous fera connaître.

– **Publiez les articles professionnels de votre blog sous forme d'annonces** et envoyez-les par e-mail à vos contacts.

Pour aller plus loin : l'abonnement premium Viadeo

Cette offre est mieux adaptée à une dynamique professionnelle, elle coûte moins de 6 euros par mois et répond aux véritables demandes d'un chercheur d'emploi et d'un recruteur :

– Je sais qui a consulté mon profil.
– Je peux écrire aux autres membres.
– Je peux ajouter des contacts sans restriction.
– Je peux rechercher sans limitation.
– Je peux voir les contacts des membres (si ceux-ci l'autorisent).
– J'accède librement au profil de tous les membres.
– Je peux utiliser les mises en relation indirectes sans restriction.
– Je peux publier 5 évènements par mois.
– Je peux publier jusqu'à 20 annonces par mois.
– Je peux visualiser tous les chemins me reliant à un autre membre.

Le recruteur et Linkedin

– Changez le statut pour hiring (je recrute) ainsi le réseau est au courant que vous recrutez.

– Postez des offres sur les groupes Linkedin dont vous êtes membre, c'est gratuit et le profil des membres d'un groupe spécifique évite de rechercher dans un domaine.

– *Via* Linkedin Answers, un forum qui soumet des questions, vous pouvez devenir Expert si vous répondez et ainsi être mieux référencé. Ceci est en plus excellent pour la promotion de votre activité.

– Si votre budget le permet, un compte payant active l'envoi de plusieurs messages à ceux qui ne sont pas en contact avec vous (de 10 à 50 messages par mois).

– Le Linkedin Talent Advantage est une option payante qui donne l'opportunité d'envoyer des messages aux candidats potentiels, de mieux chercher parmi les profils et de promouvoir votre société dans le réseau.

– Pourquoi ne pas faire comme l'Apec qui en devenant partenaire de Linkedin intègre dans son site internet une partie communautaire. La création d'un API est suffisante et cela permet de relier les fonctions de recherche et d'inscription des membres de Linkedin.

Entretien avec Kevin Eyres, directeur général Europe de Linkedin

• Quelles sont les fonctions Linkedin à utiliser pour les chercheurs d'emploi et travailleurs indépendants en quête d'un emploi et de clients ?

LinkedIn est un réseau destiné aux professionnels. Ce n'est pas un réseau social et bien d'avantage qu'un site de recrutement. Les membres de LinkedIn utilisent le réseau pour proposer leur expertise, leurs compétences et leur talent, échanger des connaissances, des opportunités et des conseils, et nouer des liens avec des personnes qui ont le même état d'esprit à travers le monde. LinkedIn est de plus en plus populaire en France.

LinkedIn fourmille également d'offres d'emploi intéressantes, dont certaines sont exclusives au réseau. Elles sont accessibles à tous les membres gratuitement. Une fois qu'un candidat a identifié une offre à laquelle il souhaite répondre, il peut cliquer sur un bouton situé en haut à droite de la page : Postuler maintenant. Un résumé de l'annonce lui apparaît alors en haut de la page, tandis qu'il peut rédiger une lettre de motivation dans un cadre situé en dessous, en précisant ses coordonnées et le meilleur moyen pour le recruteur de le joindre. Son profil est ensuite envoyé avec son dossier au recruteur.

Pour ceux qui cherchent des clients ou des prospects sur LinkedIn, les groupes et les « réponses » sont des outils précieux. Les premiers permettent aux membres de se regrouper par centre d'intérêt ou problématique professionnelle. Participer aux discussions ou poser des questions à la communauté sont autant de moyens de faire valoir son expertise et d'agrandir son réseau de contacts. LinkedIn Answers ou Réponses est une fonctionnalité de questions/réponses : chaque membre peut interroger les 60 millions de professionnels membres sur un point donné. C'est un autre moyen efficace pour entrer en contact et se faire repérer par les professionnels de son écosystème.

• Quels sont les avantages pour une marque/entreprise d'être inscrit dans votre site ?

LinkedIn est un outil efficace de marque employeur grâce aux pages d'entreprise qui centralisent les informations disponibles sur l'organisation (effectifs, chiffres clés, derniers recrutements, profils les plus consultés…). Ce n'est donc pas étonnant que LinkedIn ait attiré de nombreuses entreprises françaises. Parmi celles du CAC 40, 35 ont un profil d'entreprise sur LinkedIn. Et près de 20 % d'entre elles diffusent des offres d'emploi *via* le réseau, dont LVMH, Capgemini, GDF Suez…

En termes de recrutement, LinkedIn met à la disposition des RH une suite logicielle appelée Talent Advantage qui permet de trouver facilement les profils adaptés à ses besoins parmi les membres du réseau.

• Comment doit-on remplir son profil pour promouvoir le mieux possible son activité professionnelle ?

Voici 10 astuces :

1. Ne faites pas un copier-coller de votre CV

LinkedIn vous donne accès à un réseau, non à un département de ressources humaines. Vous ne tendriez pas votre CV à quelqu'un avant de vous présenter : ne le faites pas non plus ici. Décrivez plutôt vos expériences et votre savoir-faire comme quand vous rencontrez quelqu'un. Adaptez le ton rédactionnel au format de l'écran, sous forme de paragraphes courts avec des points de repère visuels ou textuels.

2. Marketez-vous

Dynamisez le ton de votre profil. Utilisez des verbes d'action et des constructions de phrases dynamiques : préférez « J'ai piloté l'équipe sur le projet » à « Responsable de la gestion de l'équipe de projet ». Restez naturels, n'écrivez pas à la troisième personne à moins que cela ne vous corresponde. Imaginez-vous en réunion client : comment vous présentez-vous ? C'est là votre ton authentique : utilisez-le.

3. Formulez une signature personnelle

La ligne de texte sous votre nom est la première chose que les gens lisent sur votre profil. Elle suit votre nom dans la liste des résultats de recherches. C'est votre signature de marque, sauf s'il s'agit de votre adresse e-mail. Votre entreprise peut parfois avoir une marque tellement forte que, combinée avec votre titre, elle est suffisante. Mais vous pouvez aussi avoir besoin de distiller votre personnalité professionnelle dans une phrase accrocheuse, quelques mots qui font comprendre qui vous êtes en un coup d'œil.

4. Faites fonctionner votre argumentaire express

Revenons à votre présentation en réunion client. Cette description de trente secondes de qui vous êtes et de ce que vous faites, l'essence de votre situation professionnelle, constitue votre argumentaire express. Utilisez-la dans la section Résumé pour séduire les lecteurs. Vous avez 5 à 10 secondes pour attirer leur attention. Plus votre résumé est chargé de sens, plus le nombre de lecteurs augmentera.

5. Mettez l'accent sur vos compétences

Considérez les domaines de Compétences comme un optimisateur de moteur de recherche, un outil pour augmenter les chances de vous trouver et de se souvenir de vous. C'est dans cette section que vous devez mettre tous ces mots-clés propres à votre secteur et à vos domaines de compétences. Sans oublier vos intérêts, les valeurs que vous mettez à l'œuvre dans l'exercice de votre métier, voire une touche d'humour ou de passion.

6. Détaillez votre expérience

Aidez le lecteur à saisir les éléments clés de votre parcours professionnel. Dites brièvement ce que fait l'entreprise dans laquelle vous êtes et ce que vous avez réalisé pour eux. Là encore, imaginez-vous en réunion client. Après vous être présenté, comment décrivez-vous ce que vous faites, ce que fait votre entreprise ? Utilisez des phrases courtes et claires et coupez-les en plusieurs morceaux plus faciles à intégrer.

7. Sortez du lot

Utilisez la section Informations complémentaires pour compléter votre profil de quelques centres d'intérêts pertinents.

Ajoutez des sites qui montrent vos compétences ou vos passions. Et n'oubliez pas de modifier le titre par défaut « Mon site web » pour encourager les clics.

8. Répondez aux questions et posez-en

Des questions bien pensées et des réponses utiles construisent votre crédibilité. Les meilleures donnent une bonne raison aux gens de lire votre profil. Appliquez-vous à répondre aux questions relatives à vos domaines de compétence pour faire connaître votre expertise, augmenter votre visibilité et surtout échanger avec les personnes de votre réseau. Vous pourrez peut-être avoir besoin d'une réponse à une question plus tard.

9. Construisez votre réseau

Vos connexions restent l'un des aspects les plus importantes de votre marque : votre entourage en reflète la qualité.

Qu'arrive-t-il lorsque vous lisez le profil de quelqu'un et que vous découvrez que vous avez une connaissance commune ?

Le crédit que vous lui accordez monte en flèche. La valeur de la communauté fonctionne dans les deux sens. Identifiez donc les connexions qui renforcent votre crédibilité et cultivez-les.

10. Un dernier conseil : lorsque vous avez obtenu suffisamment de connexions et de recommandations, votre profil devient une sorte d'évaluation de vous et de votre marque par vos pairs. Assurez-vous que ce tableau est cohérent, bien structuré et facile à trouver. Modifiez l'URL de votre profil public pour qu'il reflète votre nom ou signature, et ensuite médiatisez-le : ajoutez-le à votre blog, créez un lien depuis votre site internet, placez-le dans votre signature d'e-mail. Et démarrez la conversation.

Donner vie à un CV avec Google Buzz

L'avantage de ce réseau est qu'il anime votre mailing list et donne un visage à chacun de vos contacts e-mail. Si vous cherchez un emploi, utilisez désormais Gmail pour envoyer vos CV, ainsi vous pourrez ajouter les recruteurs inscrits sur GMail en contacts Buzz et ainsi leur montrer votre expertise avec votre compte Twitter relié à Buzz. Soyez pertinent : publiez des articles pratiques de votre secteur d'activité, soyez le premier sur l'actualité de votre domaine, tout cela est valeur ajoutée dans votre démarche professionnelle.

Artisan, commerce ou association

Dans votre cas, utiliser internet c'est étendre votre cible au-delà de la localité et de votre région mais aussi intéresser les voisins qui ne vous connaissent pas encore. Il faut donc directement aller là où se rend l'internaute *lambda* français : Facebook. Jeunes et adultes s'y retrouvent en famille et entre « amis réels ». C'est le lieu de discussion favori des Français en 2010 où chacun aime y recommander à ses amis un nouveau restaurant, un pub et produit quelconque, etc.

▶ Le groupe Facebook plutôt que la page

Des groupes de la commune dans laquelle vous exercez existent (recherchez-les *via* le moteur de recherche de Facebook), le cas échéant créez-en un, c'est un excellent moyen de réunir les habitants de votre région. Pour vous qui gérez un salon de coiffure, une société de travaux ou une association de retraités, le groupe Facebook rime avec recrutement de nouveaux clients et fidélisation. Un e-mail par semaine fera office de newsletter, et inviter les membres à poster leurs photos, avis, idées fera de ce groupe un réseau dans le réseau Facebook. Chacun peut inviter ses amis à rejoindre la communauté et partager le contenu qu'il désire sur le mur du groupe.

La page Facebook est plus anonyme, on ne peut accéder au compte de son administrateur et les mises à jour (l'équivalent des messages dans le groupe) peuvent être ignorées car elles n'arrivent pas directement dans la messagerie (seulement dans Mises à jour). Le groupe est en réalité un forum plus interactif que Yahoo! groups (les forums de Yahoo!) par exemple qui est encore utilisé par ceux qui veulent un forum anonyme ou privé, réservé aux seuls membres invités. Sachez cependant que cela est possible sur Facebook : le groupe peut être secret, c'est-à-dire invisible pour les non-membres ou privé : l'actualité n'apparaît que pour les inscrits. Ceci se règle dans l'interface d'administration du groupe.

▶ Twitter très bientôt…

Dans quelque temps, lorsque Twitter aura vraiment gagné des parts de marché en France, il faudra créer un compte et le relier à votre profil Facebook (qui porte le nom de votre activité, comme le groupe) avec l'application Twitter que vous trouvez dans le menu Parcourir les applications de Facebook. Une fois cette application activée sur Facebook, chaque statut ou mise à jour que vous postez sur Twitter est automatiquement publiée sur votre compte Facebook. Vos mises à jour seront donc doublement lisibles !

Aussi, Twitter et sa fonction géolocalisation (votre publication indique si vous le souhaitez le lieu d'où vous publiez) est un réel plus pour votre activité. Votre téléphone ou ordinateur permet de situer votre position géographique. Ce site communautaire peut enregistrer votre position si vous l'activez depuis les réglages. Ainsi, d'autres utilisateurs peuvent vous découvrir en faisant une recherche de profils par ville, pays, etc. dans l'interface de Twitter. Une fonction encore peu utilisée mais qui va se développer avec l'équipement croissant de smartphones. Facebook commencera très bientôt à utiliser la géolocalisation d'ailleurs. Pensez également à Foursquare un nouveau venu qui répertorie tous les lieux de la planète.

Un musée

Twitter est intéressant dans le cadre d'un lieu accessible au public : après avoir renseigné dans les réglages (Settings>Profile) de votre comptel l'adresse postale du musée[1] et activé la géolocalisation[2], inscrit comme site internet (case web) la page internet du musée, vous pourrez suivre des personnes proches de vous (*via* Find people) et ainsi les inviter à visiter votre musée le week-end prochain. Avec des outils comme Socialoomph.com vous pourrez programmer à l'avance vos tweets. Avec Twitter, il sera très facile de répondre directement aux questions de vos visiteurs, de publier des photos (*via* Flickr) et de prendre la température (combien y a-t-il de citations et RT de votre activité ?).

Un hôtel

Pour rechercher un hôtel, internet a devancé l'agence de voyages. L'internaute lance une requête sur Google du type « hôtel Barcelone Espagne », des centaines de résultats vont apparaître, des discussions sur des forums et autres. Rien de très précis, si bien que le futur vacancier va se rabattre sur un des moteurs de recherche de voyages pour plus de facilité.

Si vous êtes un hôtel à Barcelone, le but est de figurer dans les premières pages de Google ou Yahoo!. Un compte Twitter géolocalisé qui indique dans les réglages l'adresse, le téléphone et le site internet et prend comme nom un « @barcelonahotel » par exemple peut sortir du lot. Géolocalisé, vous êtes la solution parfaite pour des itinérants proches de votre lieu. En dehors de l'inscription sur des forums et de commentaires et partenariats avec les sites de recherche de voyages, aller sur Facebook et devenir fan de la page Barcelona pour y ajouter des photos de l'hôtel avec les coordonnées est également un bon moyen d'être retrouvé.

Une école

Facebook est à l'origine un site d'étudiants fait pour eux. Ce site peut donc servir à relier les professeurs et élèves, mais aussi les élèves entre eux pour de l'entraide et des projets communs. Le groupe Facebook sert aussi à créer des évènements : la fête de fin d'année, une récolte pour une association, un rendez-vous informations, etc. Communiquer directement sur cette adresse Facebook dans les documents officiels de l'école peut également permettre de recruter de nouveaux élèves qui bénéficieront du feedback d'anciens élèves. Mais si l'URL du groupe

---

1. Dans One Line Bio.
2. Cochez Enable geotagging.

Facebook est trop long, sachez que l'URL du compte Facebook qui permet de créer un groupe ou une page peut être personnalisé : http://facebook.com/nomdelecole. Et dans ce compte, vous pouvez renseigner en bas de la photo de profil comme site internet l'adresse du groupe ou de la page avec un texte de présentation du style « Rejoignez vite le groupe officiel de l'école »... Pensez aussi à Second Life pour des colloques ludiques en ligne, même l'université de Yale aux États-Unis s'en sert : rendez-vous dans un lieu et utilisation d'un micro pour vous faire entendre (Second Life est le seul réseau social avec chat vocal).

Un commerçant

Un compte Twitter et Foursquare pour localiser et contacter les personnes proches de votre commerce est une bonne chose. Aussi, le groupe Facebook et l'inscription à des groupes et pages en rapport avec votre activité permettra de dynamiser vos ventes. Avec le moteur de recherche de vos réseaux sociaux, retrouvez les fans des produits que vous vendez et ajoutez-les en ami depuis votre compte portant le nom de votre activité. Les utilisateurs de réseaux sociaux sont là pour rechercher des produits et des gens qui aiment les mêmes choses qu'eux, il faut en être conscient.

Profession libérale

Avant, le seul moyen de vous faire connaître était le bouche-à-oreille et les pages jaunes. Désormais, les pages jaunes sont Google et le bouche-à-oreille sont les réseaux sociaux. Donc commencez par créer votre compte professionnel sur Viadeo et Linkedin, importez votre CV créé sur Doyoubuzz.com dans votre compte Facebook (**voir Employé, recruteur et chercheur d'emploi dans ce chapitre pour plus de précisions**) et invitez à rejoindre vos comptes tous vos contacts. Ayez l'air très professionnel, préférez les photos de votre travail à celles de vos vacances, et publiez vos articles de presse pour valoriser vos compétences. Lancer un blog professionnel expliquant les termes techniques et rudiments de votre métier lorsque vous êtes médecin, avocat ou autre est un excellent moyen de faire parler de vous. Mettez en évidence sur la page principale de votre blog et de vos réseaux sociaux votre contact : e-mail, téléphone, adresse. Taggez (indiquez de quoi traitent précisément vos publications) tous vos contenus avec les mots-clés qui se réfèrent à votre profession. Les réseaux sociaux peuvent vous servir à trouver des conférences, réunions, événements dans votre domaine, pour cela servez-vous des moteurs de recherche de ces sites et en devenant membre et fan des groupes et pages en rapport avec votre activité sur Facebook. Sur Viadeo, ces rencontres sont très régulières, il suffit de vous abonner aux groupes de votre domaine.

Politique

En théorie, la politique doit être le relais du peuple, son expression. Ignorer les réseaux sociaux, ce serait ignorer le peuple et les électeurs. Inspiré par le modèle réussi d'Obama qui discute sur Youtube et met à jour son blog et page Facebook, Nicolas Sarkozy a décidé de se lancer il a invité sur Facebook ses fans à lui faire part de leurs « interrogations » avant de répondre aux questions de Laurence Ferrari et d'une dizaine de Français sur TF1. « N'hésitez pas à me faire part de vos interrogations et des sujets qu'il vous paraît important que j'aborde », écrit-il. « Merci pour votre soutien en cette année où nous allons travailler dur pour servir l'intérêt de la France », poursuit Nicolas Sarkozy, rappelant qu'il entend évoquer les « grands enjeux de l'année 2010 ». (*Le Point*). Cette façon nouvelle personnelle de communiquer séduit le public, favorise la proximité et assure des publications médias (papier, TV, radio) importantes. Le JT (journal télévisé) est désormais tributaire des buzz du net : une vidéo à succès sur Youtube sera forcément mentionnée à la télévision. L'UMP l'a compris et une cellule rue de la Boétie, au siège, se consacre à la présence sur le web social.

▶ La page Facebook

La page Facebook et le compte Twitter sont obligatoires. Les réactions sont immédiates et c'est pour cela qu'une équipe doit être pro-active pour modérer le contenu car les débordements sont vite arrivés. Les pages anti-personnages de politique existent et comptent des milliers d'inscrits, vous pouvez ainsi visualiser votre côte de popularité, à chacun de vos actes le peuple réagit sur les réseaux sociaux. Au Venezuela, le président Chavez souhaite éradiquer Twitter qui s'acharne sur sa manière de gouverner. Lui qui règne des heures durant sur les chaînes de TV nationales n'a aucune emprise sur les réactions en temps réel des utilisateurs de Twitter. Mais condamner l'activité des utilisateurs des réseaux sociaux, c'est empêcher la liberté d'expression. La politique est donc obligée de mettre aux sites communautaires avec pour véhiculer une image « démocratique ». Chaque parti a lancé son propre réseau social : Coolpol pour le PS, Créateurs de possible pour l'UMP, imitateurs de l'interface de Facebook ; mais sans une présence sur les réseaux sociaux connus, ces sites indépendants sont caducs : ils ne permettent pas de recruter en masse et coupent les internautes du web social générique. Faire appel à des développeurs pour lancer des applications permettant d'importer des contacts Facebook sur leur propre réseau social (comme Facebook Connect, **voir chapitre 2**) serait plus pertinent pour leur activité car leur choix de ne pas entièrement se développer sur Facebook *via* une page ou un groupe s'explique par la peur de déléguer toute la gestion au géant américain Facebook…Pourtant, ils n'ont rien à craindre, et un site comme « la fraternité en action » de Ségolène Royal est davantage adapté à notre internet : c'est un site de présentation qui intègre en première page les liens vers ses communautés online : Dailymotion, twitter, page Facebook, Myspace, Flickr.

❯ Comment se servir de Facebook et Twitter

Savoir utiliser Twitter ou Facebook est un sujet sensible. S'il est idéal pour les « people » car il donne une impression de proximité et permet au fan de s'identifier et de devenir « copain », il est très compliqué à manipuler pour un politique, car il faut être proche mais pas trop. Si vous n'êtes pas prêt, embauchez un *community manager* (expert de la communication dans le domaine des réseaux sociaux), un conseil valable pour tous les secteurs d'activité. Les RT, DM et @ (repost, messages, réponses ou replies sur Twitter) ne peuvent être ignorés par qui les reçoit. Le people peut se permettre de ne pas y répondre car il se présente en tant que « star » et compte des centaines de milliers d'inscrits, mais c'est plus compliqué pour l'élu du peuple, un maire, un conseiller qui compte souvent entre 1 000 à 5 000 followers et doit être, par vocation, à l'écoute des citoyens. C'est pourquoi les mises à jour doivent prendre la forme de phrases précises et de réponses courtoises. Il faut pouvoir modérer les commentaires, c'est-à-dire pouvoir les supprimer (sur votre mur Facebook vous êtes le seul arbitre), or ça n'est pas possible sur Twitter. Des commentaires sur du contenu médiatique : un film, une chanson peut donner une image positive mais attention de ne pas trop en faire, le peuple veut avoir le sentiment que vous ne faites que travailler pour lui. Gardez votre compte Facebook privé pour vos vrais amis seulement. Gardez un œil quotidien sur l'ensemble de votre activité sociale avec votre smartphone. En tout cas soyez présent, un élu doit communiquer directement avec les citoyens.

La solution Second Life

L'économie de *Second Life* se base sur la monnaie locale, le dollar Linden (360 dollars Linden valent 1 euro). Vous pouvez choisir d'être danseur, DJ, architecte, psychologue ou autre et ainsi recevoir un salaire hebdomadaire, c'est ainsi que le jeu deviendra rentable si vous êtes un utilisateur *lambda*. Chacun peut acheter des Linden ou en vendre sur LindeX, le site de change de Linden Lab (ou d'autres sites externes). Les activités marchandes les plus courantes sont les boutiques de vêtements, discothèques, jeux vidéos, immobilier et architecture, jeux de rôles, etc. Des activités culturelles s'y développent également, notamment dans les domaines de la solidarité internationale, de l'art (expositions), etc. (c'est le lieu favori des professeurs et artistes en tout genre).

❱ Comment vendre vos produits ?

Un résident peut donc être créateur d'objets, d'environnement, de vêtements et d'animations pour son avatar. Servez-vous de logiciels comme Photoshop, Paint, Gimp ou Poser et de la « magic box » que vous téléchargez sur le site xstreetsl.com. Être un bon webdesigner est donc une réelle valeur ajoutée pour monétiser sur ce site. Le cas échéant, il peut être très rentable de recruter un professionnel pour réaliser vos idées graphiques et transformer vos produits réels en version Second Life car ne l'oubliez pas, ce sont des consommateurs bien réels qui se cachent derrière leurs avatars. Plus de 250 000 objets sont créés quotidiennement. Quand votre produit est prêt, rendez-vous sur la place du marché (les petites annonces : xstreetsl.com) pour le mettre en vente. C'est un moyen plus simple de vendre puisque la majorité des résidents se rendent dans cet « ebay » avec la motivation d'acheter.

❱ Les moyens pour un particulier de monétiser

- **Devenez promoteur immobilier** : achetez puis revendez ou louez un terrain. Vous pouvez aussi construire votre propre maison, embauchez un designer pour réaliser le décor et la structure !
- **Participez à des programmes affiliés pour vendre vos produits** : une boutique célèbre sur Second Life peut revendre votre création en échange d'un pourcentage.

- **Organisez un événement** : le concert d'un groupe d'amis, l'exposition des tableaux de votre oncle, un jeu concours, creusez-vous la tête !
- **Vendez votre expertise** : cours, conférences, consulting. Beaucoup de chasseurs de tête ont un compte sur Second Life. Tentez de remporter des prix dans les événements du jeu, c'est ludique et ça peut rapporter !

▶ Comment gagner de l'argent quand on est une entreprise ?

Plus de 50 sociétés réalisent un chiffre d'affaire annuel de 100 000 dollars sur Second Life. On ne compte plus le nombre d'entreprises qui y siègent et développent leur activité. Une école de pharmacie forme par exemple ses élèves virtuellement à moindre coût (création de médicaments virtuels, examens et cours en ligne). Les possibilités sont nombreuses :

- Rejoignez solutionproviders.secondlife.com, le site pour **vendre votre expertise** à d'autres entreprises sur Second Life : community management, création d'événements, etc. Vous trouverez forcément de nouveaux partenaires, c'est l'avenir du business to business !
- **Achetez votre île** (elles commencent à 1 000 dollars), c'est ainsi que vous pourrez la transformer pour en faire votre propre univers. Même Air France en possède une : « L'île Air France-KLM dans l'univers de Second Life a pour objectif de proposer aux actionnaires d'Air France-KLM un espace d'information sur l'actualité financière du groupe. Pour les actionnaires et les visiteurs, cet espace est structuré de manière à mieux connaître l'activité du Groupe et de participer aux événements financiers. Ils trouveront à leur disposition un auditorium, un salon, le cours de bourse en 3D, un espace développement durable et le Musée Air France. » (Air France, 2009)

- **Lancez votre boutique** : en plus de votre « vraie » boutique web, il faut créer un e-commerce sur Second Life. Giorgio Armani et des milliers d'autres proposent ainsi leurs produits. Un avatar qui achète un vêtement reproduit le désir d'achat d'un consommateur réel.
- **Recrutez d'autres utilisateurs du jeu et payez-les en Linden** pour faire la promotion de vos produits et drainer du passage dans votre boutique.
- **Baladez vous dans les forums de Second Life** (faites une recherche Google) et donnez votre URL dans le jeu avec une promotion sur vos créations.

Sportif ou people

Pourquoi payer un manager pour entretenir son image et assurer sa promotion si vous pouvez le faire seul depuis votre smartphone et ordinateur…

Le compte Twitter et la page Facebook sont un excellent moyen de converser avec vos fans et d'entretenir votre popularité. Être proche des utilisateurs de réseaux sociaux est le meilleur moyen de les convertir en fan sur le long terme. Parlez de votre vie privée, de vos voyages, de vos moments en coulisse, et commentez l'actualité, divertissez ! Mais attention, avoir un avis sur tout peut vous faire perdre des fans qui ne seraient pas d'accord sur certains points, vous pourriez aussi choquer quelques âmes sensibles. Cependant, être soi-même paie plus que d'arrondir les angles. Et n'ayez crainte, si des fans vous harcèlent, vous pouvez très bien les supprimer de votre compte Facebook et autres comptes dans Supprimer mes amis (situé en bas à gauche de la page du profil en question sur Facebook) même si le mieux est de les ignorer pour ne pas les vexer. Le mieux est de créer un compte pour séparer votre vie publique et privée. Pensez aussi à donner des conseils : comment réussir, méthodologies d'entrainement, rendez-vous sportifs, visio-conférence sur le site vidéo Ustream (**voir chapitre 1**)… Et demandez à votre manager de contacter des entreprises si elles ne le font pas déjà : plus vous avez de contacts dans les sites communautaires, plus vous les intéressez pour parler de leurs produits.

Profession artistique

Que l'on soit chanteur, peintre, directeur artistique, styliste ou photographe, internet est devenu en quelques années le lieu incontournable pour exister. Le public est désormais plus nombreux sur la toile qu'en magasin ou en salle de concert. L'objectif est toujours le même : le conquérir. Et internet simplifie les choses pour les indépendants. Même stratégie pour tous les artistes : le e-marketing avec les réseaux sociaux comme source de fans.

▶ DeviantArt, Behance et Carbonmade pour les designers

Un webdesigner, peintre, styliste, créateur doit absolument avoir une vitrine de son travail sur le web. À ce jour, DeviantArt est le lieu de la communauté artistique. Chacun y publie son travail : créations sur Photoshop, retouches photo, etc. Il est possible de vendre ou distribuer gratuitement ces téléchargements et de rencontrer d'autres passionnés. Il faudra s'assurer, lors de l'inscription, de noter l'adresse de votre site web officiel pour augmenter le chiffre de vos visites. Pour cela, allez sur Behance.net ou Carbonmade.com qui sont de très belles galeries online. Vous y hébergez vos réalisations et bénéficiez de l'avis d'amateurs et de professionnels du design déjà membres. Sur Behance, des offres de travail sont publiées. Vous aurez ainsi votre « portfolio » sur le net et fini les books papiers onéreux, envoyez simplement par e-mail l'URL de votre profil.

❭ Les réseaux sociaux comme nouveaux catalyseurs de talents

Du fait de leur proximité avec le public et leurs avis sur leur travail, ces réseaux offrent aux artistes une possibilité d'être repéré par les professionnels de l'industrie. Dans un contexte de chute libre des ventes de CD, les maisons de disque proposent rarement un contrat si vous n'avez pas de fans sur Facebook ou très peu de lectures sur Myspace. La popularité se mesure sur internet. Être présent sur les principales plateformes communautaires est donc essentiel si vous souhaitez attirer l'attention des millions d'internautes. En début comme en fin de carrière il vous faudra socialiser, c'est-à-dire animer les réseaux sociaux. Les *singles* démarrent sur Dailymotion et les stars dans le déclin sont devenues des internautes pro-actifs qui pour perdurer s'inscrivent sur Twitter ou Bebo.

❭ Myspace, Skyblog, Page Facebook, Reverbnation, iLike pour les musiciens

Publiez jusqu'à 6 chansons et les 110 millions d'auditeurs inscrits sur Myspace sont à vous. Les habitués de Myspace aiment les pages remplies de gadgets mais préférez la simplicité (en clair n'alourdissez pas le design) pour ne pas perdre des auditeurs impatients devant un profil qui met trop de temps à se charger. Servez-vous des applications qui permettent d'intégrer sous forme de badges le contenu de vos autres réseaux. Avec la fonction de recherche des meilleures ventes mondiales[1], ajoutez en ami les profils les plus visités et faites votre pub chez eux. Le spam est de rigueur sur ce site alors allez-y foncez, publiez vos vidéos youtube avec la mention : « Laissez un commentaire si vous aimez mon nouveau clip, merci ! ». Il vous faut obligatoirement dépasser les 30 000 écoutes pour paraître populaire. Le Myspace sera le lien à

---

1. Dans Home puis Music.

donner à tous vos contacts et à reporter sur Facebook : la musique se déclenche automatiquement et tout le monde connaît son interface.

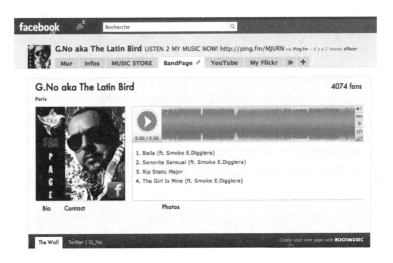

Créez votre page musicien Facebook pour contourner les limites d'ajout du compte personnel Facebook (rappel : 50 ajouts maximum par jour). Vous pouvez dédicacer des chansons à vos amis grâce à l'application Ilike : idéal pour directement transformer des amis en fans. Reverbnation propose une application qui permet d'écouter votre musique directement sur votre compte Facebook et vous aurez un rapport précis du nombre d'écoutes et de fans. Aussi, ajoutez l'application gratuite BandPage (depuis www.rootmusic.com) qui transforme la page Facebook en style de page myspace avec un lecteur de musique (voir visuel ci-dessus). Bebo, Tagged, Hi5 ou Ning sont des réseaux qui vous permettent d'agrandir votre base de fans. Repérez à chaque fois les profils les plus visités (ceux qui ont le plus de contacts), puis publiez un de vos clips sur leur mur. Vous devez vous présenter comme un concept car votre communauté est plus intéressée par votre histoire personnelle que votre art seul.

Si vous êtes français et que votre public est adolescent, misez sur le Skyblog. Depuis 2001, en s'appuyant sur une marque très forte et un concept d'interactivité avec son public, la radio *Premier sur le rap* est parvenue à capter une audience ultra-réceptive sur internet. Pour convaincre la radio Skyrock (et d'autres) de vous diffuser il vous faudra être très présent sur cette plateforme. Vous n'aurez pas besoin de trier la clientèle car tous aiment la musique jeune (*rap, r'n'b, house*) mais ajoutez le maximum de profils pour générer du trafic.

Pour aller plus loin : où vendre sa musique ?

En plus des radios, sites de streaming, sites communautaires, il existe :
- **les boutiques généralistes** : Itunes, AmazonMP3, Napster, Rhapsody, Emusic, Virginmega, Fnacmusic, Musicme, Qobuz, Starzik, Airtist, Lala, Amiestreet, Spiral Frog, Qtrax, We7, Cellfish, Thumbplay.
- **les boutiques spécialisées** (par genre musical) : Musicgiants, TheMusicFrom, Losttunes, Wolfgangsvault, Nuloop, Music Classics, Deutsche Grammophon, Classical music mobile, Musopen, Jazz en ligne, NIN, Beatport, CodaFM, Musiqueenligne et Sheetmusic Direct.
- **les portails** : Yahoo! music, Nokia, Orange, SFR, Neuf music, Free, NRJ, MTV, MCM et M6music.

Vous devez être présent sur l'ensemble de ces sites pour un impact massif. Grâce aux widgets que proposent ces plateformes, vous pouvez exporter partout sur le web votre album avec le lien direct pour l'acheter. L'encodage de vos chansons pour les boutiques généralistes oscille entre 256 et 320 Kpbs.

Pour intégrer la plupart des boutiques généralistes, vous devez passer par un distributeur.

Les distributeurs pour indépendants et autoproduits :
- **Tunecore** : pour moins de cinquante dollars, votre album sera référencé sur l'ensemble des stores iTunes, Amazon mp3, Napster, emusic, sony connect, musicnet et rhapsody. Vous toucherez 100 % de vos ventes numériques. La rémunération se fait très rapidement. Il est également possible de vendre vos clips vidéos sur iTunes.
- **CDBaby** : le 1er site des indépendants d'abord formé à la vente physique de CD a compris l'évolution du marché et propose désormais la *digital distribution** (les mp3). Pour moins de soixante dollars vous inscrivez

- votre album dans 11 boutiques : Itunes, Napster, Emusic, Rhapsody plus Verizon vcast, Payplay, Liquid Digital media, audio lunchbox, groupietunes, ruckus. Cdbaby garde 9 % de ce que vous vendez. Beaucoup d'habitués visitent ce site mais le plus souvent pour le format CD. Si vous avez choisi la distribution physique, optez pour ce site.
- **Reverbnation** : Avec 34,95 dollars Reverbnation propose une offre plus complète : des statistiques et des outils de promotion plus développés. L'accès à 10 boutiques, une limite de 50 titres par album, une mailing list, des widgets ultra-perfectionnés et une visibilité importante auprès des 250 000 membres inscrits. Les meilleures ventes de Reverbnation dont le widget s'intègre facilement sur Facebook sont très visités.

Pour ces 3 sites il faut compter entre 6 et 8 semaines pour mettre en ligne vos musiques.

Les spécialisés sur le marché français eux vous le proposent en 10 à 15 jours.

- Wild Palms prend 30 % de vos ventes mais vous référence dans un catalogue très complet incluant les portails Orange, SFR, Yahoo! mais également Virginmega (1re plateforme en France) et Fnacmusic qui sont tous très visités en France. L'inscription est gratuite et ce site existe en version anglaise. Le paiement s'effectue tous les 6 mois.
- Believe.fr et Zimbalam : Believe.fr ne facture rien aux artistes pour encoder leurs morceaux aux formats requis par les différentes plates-formes de distribution. Il reverse entre 30 et 42 centimes à l'artiste et ses compilations de nouveaux talents figurent parmi les meilleures ventes du web. Zimbalam est le distributeur qui donne 100 % des royalties aux artistes (contre un prix fixe à payer à l'inscription) et propose une trentaine de boutiques, à suivre de très près !
- Avec Airtist.fr L'auditeur peut télécharger gratuitement un album en échange du visionnage d'une publicité vidéo. Une bonne idée pour attirer les publicitaires. L'artiste touche ainsi 0,12 euro hors taxe par titre téléchargé.

– Avec Myxer.com pensez à vendre les sonneries téléphoniques de vos musiques, un marché qui ne cesse de se développer.

Quels sites d'hébergement vidéo choisir ?

Youtube, Vimeo, Dailymotion, Brightcove, Kewego, Facebook…la liste est longue, comment faire le bon choix ? Une fois votre vidéo de présentation préparée avec un logiciel d'édition vidéo (iMovie, Windows Movie Maker, Final Cut ou After Effect), posez-vous la question essentielle suivante : quelle est ma cible ?

Il existe aujourd'hui près de 300 sites qui permettent à la communauté mondiale du web de publier ses vidéos. Entre tutoriels*, clips, documentaires, films d'entreprise, CV, les possibilités sont infinies depuis que l'image est accessible à tous depuis un téléphone, un appareil photo, une caméra numérique ou même une webcam. Professionnels, amateurs, films de vacances ou édition vidéo, usage public ou privé, une multitude de facteurs sont à prendre en compte avant de cliquer sur le bouton Upload (télécharger). Un spécialiste d'animation Flash cherchant des clients ne publiera pas ses vidéos de la même façon qu'un musicien par exemple.

▶ Vous êtes une entreprise ?

Existe-t-il une entreprise qui puisse se dispenser de la vidéo dans notre société ? C'est un vecteur d'information, de communication et de publicité donc de ventes. Si vous souhaitez diffuser des messages publicitaires, communiquer avec vos salariés et vos clients sur l'ensemble de votre réseau, il existe des sites qui vous proposent une personnalisation du player vidéo (le lecteur avec votre logo et charte graphique), une intégration simple dans votre site internet où sur un serveur intranet (pour la communication à vos équipes). Cette solution payante est préférable pour éviter les logos imposés par les sites destinés au simple partage public (Youtube…). Kewego, société française, est ainsi le partenaire de plusieurs médias : TV, presse, internet (Club Med Gym, w9, etc.). Elle peut également installer des écrans dans vos lieux de vente et réaliser un portail vidéo à votre image. Brightcove. com utilisé par *Time magazine* est un site équivalent disposant d'outils d'analyse de trafic qui permet d'intégrer de la publicité à vos vidéos, et de communiquer avec vos affiliés de façon ultra-professionnelle. Vmix. com, enfin, a vocation plus internationale et intègre directement vos vidéos à l'iPhone, essentiel lorsque l'on devine l'avenir de la pub : le monde passe-t-il plus de temps sur son portable ou devant la TV ?

▶ Vous cherchez du travail ?

Easy-cv.com est un des premiers sites à offrir aux utilisateurs la possibilité de se présenter online pour trouver un emploi. Est-ce pertinent ? Si votre vidéo est faite à partir d'une webcam, que le son est mauvais, que le décor n'est pas beau n'y pensez pas, vous risqueriez de perdre des opportunités. Les employeurs ont-ils le temps de regarder ces monologues ? La question se pose mais pourquoi ne pas tenter, c'est se montrer original et savoir vivre avec son temps. Scénarisez bien et faites court, votre interlocuteur ne doit pas avoir le temps de s'ennuyer. L'entretien à la webcam n'est pas encore développé, alors rien ne presse encore.

❯ Besoin d'un hébergement de qualité ?

Si pour vous, le design doit primer sur le nombre de visites, il existe des sites parfaitement adaptés. Viddler.com est un site en pleine expansion permettant d'insérer automatiquement votre logo sur toutes vos vidéos, un gadget intéressant. Vimeo a la palme du plus beau design mais il faudra payer 59,95 dollars pour pouvoir publier plus de 500MB de vidéos et plus d'une vidéo en format HD par semaine. Son plus est son intégration à votre compte Flickr donc vos photos apparaissent sur votre page. Aussi, la lecture en HD (Haute Définition) est activée par défaut, ce qui n'est pas le cas sur Youtube par exemple. Metacafe.com séduit également par son design et son répertoire clair, et surtout ce site vous rémunère si votre vidéo dépasse les vingt mille visites. Un point que ne relève toujours pas Youtube !

❯ Vous avez réalisé un show TV ? Un documentaire ?

Vous croyez plus en internet qu'en une chaîne de télé, trop difficile d'accès, pour diffuser votre émission, série, jeu, pièce de théâtre, chronique ? C'est de ce constat qu'est parti Channel 101, la nouvelle TV du web. Chaque mois elle sélectionne des vidéos de 5 minutes maximum et fait voter les internautes. Les gagnants reviennent le mois suivant et votre visibilité devient internationale. Il n'existe pas encore d'équivalent français malheureusement pour propulser les émissions indépendantes. Revver.com et ses différentes rubriques apparaissant sur la Home page (page de garde) : animation, comédie, sports, santé, science…intéressera également les auteurs de documentaires en format court. Créer son podcast vidéo (vidéo qui peut-être diffusée sur les mobiles et dans la boutique iTunes store) est une meilleure solution pour les formats plus longs mais il vous faudra absolument la relayer par de l'hébergement sur des sites de partage comme Youtube, Facebook ou Twitter pour drainer du passage. Comme partout sur la toile, penser anglais, la langue du web, c'est s'ouvrir des portes. Et si votre show est en anglais, chargez vos vidéos sur Break.com : plus de 3 millions d'internautes s'y rendent par mois.

▶ Vous êtes designer ?

DeviantArt's dispose d'une interface vidéo à utiliser pour les graphistes et amateurs de flash et de 3d : en plus d'être le rendez-vous des plus beaux portfolios c'est un des sites de partage les plus visités par les professionnels du webdesign. Pour vous professionnels de l'image, faire une vidéo de vos travaux sur photoshop peut être une idée intéressante à ajouter sur votre compte facebook. Les vidéos sur LE site social par excellence ne perdent jamais en qualité : le HD est activé par défaut. Flickr a depuis 2008 ajouté 90 secondes de vidéo, un bon moyen de faire profiter le réseau mondial des photographes de vos réalisations, idéal pour dévoiler vos illustrations. Phanfare est un site payant de photos et vidéos mais vous aurez en échange un portfolio ultra-professionnel à l'URL personnalisé et un contenu modifiable depuis votre iPhone. Vous pourrez rendre privé vos liens et poster jusqu'à 10 minutes de vidéo, ce qui est un point fort par rapport à Flickr.

Un moyen réputé de valoriser ses compétences et de trouver des clients est de faire des tutoriaux vidéos. Dans ce cas, le site à utiliser est Youtube car il s'agit là d'avoir le maximum de visites : Youtube est l'équivalent de Google pour la recherche vidéo[1].

---

1. Blip.tv est aussi à noter : Blip encode la vidéo en flv mais garde également le format d'origine (ogg, avi, wmv).

▶ Vous êtes un label, un artiste ?

Vous visez le nombre et la clientèle fan de votre style musical. La première chose à faire est donc de savoir quels sont les sites de partage vidéo les plus regardés. Oubliez Hulu uniquement accessible aux Américains. Youtube et ses 70 millions de visiteurs mensuels dominent le marché de la vidéo, c'est donc un passage obligé. En étant sur Youtube vous serez automatiquement sur tous les téléphones de la planète avec les nombreuses applications disponibles pour iPhone and co, un gros point fort. Vous créerez aussi votre chaîne sur Dailymotion, site français qui a réussi à s'imposer sur la scène internationale et sur Myspace également. L'avantage des vidéos sur Myspace sont leur intégration à votre page musicale avec l'onglet Vidéos.

Truveo est une bibliothèque des liens vidéo les plus visités. Votre but final doit être d'arriver dans les Most twittered vidéos (les vidéos les plus citées sur Twitter). Famecast est le site de concours de musique, renseignez votre bio, photos et chargez votre vidéo de présentation et vous gagnerez peut-être un des différents prix. Ustream est l'outil du futur pour les artistes : filmez-vous en live avec votre webcam et invitez vos contacts twitter, facebook, myspace à vous joindre pour un chat vidéo en direct. Ce chat vidéo peut être payant, un bon moyen de monétiser. Toutes les stars et grandes entreprises l'utilisent. Nous sommes dans l'ère de la proximité, les stars absentes ne font plus parler d'elles, ne l'oubliez pas !

▶ Tubemogul.com, Facebook et Youtube : Des références pour tous

Tubemogul.com est né de la réflexion suivante : si je dois charger chacune de mes vidéos sur tous les sites je vais y passer la journée. Avec un compte gratuit sur Tubemogul, vous hébergez votre vidéo sur tous les principaux sites vidéo en une seule fois (sauf Facebook), un gain de temps énorme. À la clé, vous aurez de précieux graphiques renseignant votre présence vidéo globale sur le net. Youtube n'est plus à présenter, en cinq ans d'existence, il est devenu le principal moteur de recherche vidéo du web qui de plus apparaît en résultat de recherche sur Google. Charger sa vidéo sur Facebook est un réel plus : vous pouvez taguer vos amis sur la vidéo, un moyen de publier automatiquement cette vidéo sur leur mur. Et les commentaires peuvent engager de vraies discussions puisque sur Facebook, une réponse à un post/update/photo/vidéo enclenche, par défaut, un e-mail de notification à qui est entré dans la discussion.

Pour aller plus loin : comment créer une chaîne Youtube ?

Cliquez sur Create an account depuis la page d'accueil de Youtube et remplissez les champs requis. Choisissez un nom de chaîne correspondant à votre nom de société comme dans tous les réseaux sociaux, ceci permet de mieux vous trouver sur un moteur de recherche (Google, Bing, etc.). Faites Account>Edit Channel>New channel Type pour choisir votre activité : musicien, reporter, director (réalisateur), Youtuber (utilisateur Youtube), Guru, Comedien. Puis dans Branding options personnalisez l'apparence de votre profil. Si vous êtes beaucoup visités, vous deviendrez partenaire (*partner*) et vous pourrez intégrer vos propres bannières de publicité dans Banners and Image Maps : les liens vers votre boutique en ligne et votre page Facebook par exemple. Pour analyser vos statistiques, placez votre ID Google Analytics (le numéro d'inscription de Google Analytics si vous avez un compte) dans Trackings and Redirects. Dans Settings, renseignez les tags (les mots-clés) pour qu'un utilisateur tombe sur vos vidéos. Remplacez votre photo de profil par votre logo et dans website renseignez l'URL de votre site internet.*

Quelques astuces

Faites comme Quicksilver qui filme sur youtube des sportifs en pleine action (surfers...) portant leur marque. Le message publicitaire est bien plus fort lorsque des personnalités utilisent vos produits.

Proposez à vos fans et membres de télécharger gratuitement vos vidéos Youtube en format m4a pour leur iPod et mobile (bouton situé à droite du compteur de visites).

Dans les réglages de votre chaîne Youtube, cliquez sur Activity Sharing>AutoShare Options et rentrez vos logins de comptes Twitter, Facebook (et Google Reader si vous le souhaitez), ainsi toute votre activité dans Activity Feed (commentaires que vous publiez, vidéos favorites, inscriptions etc.) sera publiée sous forme d'updates dans ces sites.

Vous visez l'étranger ? Tudou est le principal site de vidéos en Chine et Rambler Vision en Russie.

Soyez présent partout et taguez vos vidéos (indiquez les mots-clés évidents en rapport avec votre contenu), les vidéos apparaissent sur les moteurs de recherche.

Intégrer ces vidéos à votre profil Facebook, site, twitter etc. à l'aide des codes Embed (le code d'exportation de la vidéo situé en bas de la vidéo dans la page de la vidéo) et URL (le lien « http://www. ») de la vidéo. Avec un copier-coller de ces codes, la vidéo se retrouve sur la plateforme sociale que vous voulez dans le mur de publication.

Pour aller plus loin : et si les visites payaient ?

Dailymotion, Deezer, Myspace, Youtube et autres sites vidéos et musicaux vivent grâce aux artistes et aux annonceurs et différents créateurs de contenu qui leur apportent du passage. Mais le contraire n'existe pas, est-ce tolérable ? Certaines vidéos d'entreprise comptent plus d'un million de visites, mais l'entrepreneur n'en tire aucun bénéfice payant.

Pour les artistes, le DRM (systèmes de protection anti-copies) est un faux problème : on ne pourra pas empêcher l'internaute de pirater ou de partager une chanson car c'est le nouveau mode de consommation des médias. Il faudrait donc pour les artistes, que les lectures sur Youtube, Myspace... soient rémunérées (chose qu'a commencé à faire Lastfm, bibliothèque musicale online), car c'est le fruit de leur travail, c'est d'ailleurs ainsi que la radio, autre média en streaming, fait depuis des années en partenariat avec la Sacem.

Résumé

Chaque réseau social a ses particularités mais de plus en plus, chacun accueille des profils différents.

Myspace est dédié aux musiciens mais aussi à toutes les entreprises dont la clientèle est jeune et internationale ; Facebook est fait pour tout le monde du lycéen à la mère de famille.

Flickr réunit le photographe professionnel et l'amateur fier de partager les photos de son dernier achat.

C'est pour cela qu'une inscription dans chaque site est nécessaire ; cela prouve que votre activité est en phase avec le peuple et lui ressemble. Ensuite, car il ne s'agit pas d'être hyper-actif partout, il faut concentrer son énergie sur les plus grandes avenues du web : Facebook, Twitter et Youtube. Car c'est le contenu de ces sites qui a le plus de chance d'être partagé sur les autres vitrines du web.

Le principe des réseaux sociaux est de montrer à ses amis du contenu provenant d'autres sites. Peu d'utilisateurs sont créateurs de contenu, mais tous diffusent des informations existantes. Ensuite, une fois équipé et inscrit, il va falloir animer vos comptes…

E-marketing non, social marketing

Sommaire

« Le marketing est l'effort d'adaptation des organisations à des marchés concurrentiels, pour influencer en leur faveur le comportement des publics dont elles dépendent, par une offre dont la valeur perçue est durablement supérieure à celle des concurrents. » (*Mercator*, 9ᵉ édition[1], 2009).

Le marketing traditionnel était un monologue jusqu'au world wide web : l'entreprise proposait et le consommateur décidait d'acheter ou non. Aujourd'hui ce sont les consommateurs qui recommandent, déconseillent ou inventent un produit/une marque sur internet : la plus grande place publique au monde. Selon JC Williams Group, cabinet de consulting, 91 % des acheteurs déclarent que l'avis des consommateurs encourage l'achat en ligne. Les entreprises doivent impérativement mettre en place de nouvelles méthodes pour intéragir avec les utilisateurs des réseaux sociaux qui ne sont autres que les consommateurs qu'ils connaissent déjà.

Un nouveau marché

▶ De nouveaux moteurs de recherche

Google mais aussi Yahoo! Ask et Bing (les moteurs de recherche les plus utilisés), intègrent désormais dans leurs pages de résultats des contenus provenant d'autres sources telles que des discussions (blogs et forums), des photos, des vidéos et même du « temps réel » (aux États-Unis) : des tweets et les statuts des membres de Myspace et Facebook. Pour Matt Cutts, responsable de Webspam chez Google : « il faut penser à ce que les gens vont taper pour vous chercher ». Les meta tag* et description tag* (des balises HMTL spéciales qui contiennent des mots clés caractérisant la page web), le page rank* (système de

---

1. J. Lendrevie, J. Lévy, D. Lindon, *Mercator*, 9ᵉ édition, Dunod, 2009.

classement des pages web), sont des éléments importants, mais le sont-ils autant depuis que les publications des réseaux sociaux apparaissent directement sur les premières pages de Google ? Matt Cutts invite désormais à ne pas payer pour indexer des mots-clés mais plutôt à créer un blog, qui va en plus générer conversation et perception positive de la part du consommateur. Un profil sur Digg, Stumble Upon, Twitter sont la preuve d'une présence forte malgré ce qu'imaginent encore la majorité des directeurs marketing qui continuent de séparer marketing et e-marketing. Google est marque de confiance et il est reconnu depuis des années que ce qui est publié dans les premières pages d'un moteur de recherche a plus de chances d'être cliqué par les internautes que le reste. Donc en étant actif sur les réseaux sociaux, vous multipliez forcément vos chances d'acquisition de nouveaux prospects.

Comment fonctionne désormais Google.com ?

Effectuer une recherche sur Google, c'est lancer une requête sur le web à l'aide de mots-clés. En plus de la simple barre de recherche, il existe des options de recherche. Il suffit de cliquer sur Show options juste en dessous de la barre de recherche. S'ouvre alors un menu pour personnaliser la recherche :

Images pour voir les photos issues des webzines* (un magazine au format internet) et blogs ;

Videos pour voir les résultats Youtube ;

Updates pour voir les mises à jour sur Myspace, Twitter (fonction disparue en France en février 2010, resurgira-t-elle ?) ;

Discussions pour voir les commentaires sur les forums et Myspace.

Aussi, le plug-in (un logiciel qui complète un logiciel hôte, en l'occurrence Google, pour lui apporter de nouvelles fonctionnalités) Kikin que vous pouvez télécharger sur kikin.com est un outil qui va trouver des résultats de recherche Wikipedia, Amazon, iTunes, eBay, Twitter et d'autres pour les faire apparaître en tête de Google. Vous pouvez les partager sur votre mur Facebook, Twitter ou les envoyer par e-mail à quelqu'un. Une solution intéressante en attendant que les moteurs de recherche français incluent les publications des réseaux sociaux.

Le moteur de recherche Facebook

Les internautes passent depuis 2010 plus de temps par jour sur Facebook que sur Google et utilisent beaucoup le moteur de recherche interne. Plus nous utiliserons Facebook (ou d'autres réseaux), plus nous agrandirons sa bibliothèque de données (liens, photos, vidéos). Mais avant que Facebook ne dépasse Google en tant que moteur de recherche complet, il faudra que ces sites se dotent de système de tag (segmentation des publications par mots-clés) pour bien identifier les contenus et qu'un wikipedia interne se développe. En attendant, il existe un outil précieux pour vous qui cherchez à vendre un produit.

Dans la barre de recherche tapez un mot phare de votre activité (exemple : webdesign si vous êtes webdesigner) et par défaut apparaissent en premiers résultats les groupes et pages qui citent ce mot et en bas vos amis qui ont écrit ce mot.

Mais un autre moyen va vous permettre d'ajouter toutes les personnes du monde entier qui ont cité ce mot (webdesign est un mot international dans ce cas précis), du moins ceux qui ont un profil public. Pour cela, cliquez sur Tout le monde à gauche. Si vous voulez cibler votre recherche de profils sur un pays, faites défiler le « Français (France) » pour changer la langue utilisée par la personne qui publie. Gardez la recherche dans Tous les types de publication, ainsi toutes les updates, articles, discussions sont prises en compte. Ce moyen de trouver des personnes en relation avec votre activité est très intéressant même s'il faut surveiller leur contexte avant d'ajouter en ami (lisez la phrase complète de publication).

▶ Social Media Optimization (SMO)

L'objectif du procédé SEO* (Search Engine Optimization) est d'orienter le positionnement d'une page web dans les résultats de recherche des moteurs sur des mots-clés correspondant aux thèmes principaux du site. On considère généralement que le positionnement d'un site est bon lorsqu'il se classe dans l'une des dix premières réponses d'une recherche des mots-clés correspondant précisément à sa thématique.

Le Social Media Optimization est en combat contre l'habituel SEO qui utilise notamment l'achat de mots-clés et les partenariats avec des sites internet (affiliation et bannières de publicités). Encore méconnue, l'optimisation par les réseaux sociaux est un enjeu considérable. L'action doit alors se concentrer sur les plateformes de diffusion telles que Digg, Twitter, Tapemoi ou Scoopeo qui incitent les visiteurs à voter pour une information, un URL, et à la/le partager. On parle d'acquisition de trafic *via* les réseaux sociaux. Une information de qualité sur Twitter ou Digg apparaîtra sur Facebook si les internautes ont jugé son contenu intéressant. Si c'est le cas, ils la partageront avec leurs amis sur Facebook et les autres plateformes sociales. Diffuser une information sur Delicious *via* les Bookmarks* (enregistrer en favori un lien du web) est également une bonne solution car ce site est un moteur de recherche public et communautaire qui se développe. Le SMO a un impact direct, et le ROI (**voir chapitre 5**) peut se mesurer immédiatement : une information qui n'est pas rediffusée dans la semaine par des membres de la communauté est souvent un échec. *A contrario*, si elle apparaît dans les Digg-Like (les sujets favoris des visiteurs de Digg) ou qu'elle est repostée x fois sur Twitter, cela signifie que la campagne a fonctionné.

Réseaux sociaux, lieux de conversation et d'influence

▶ Un nouveau mass media

Parler de sites communautaires ou réseaux sociaux, c'est parler de discussion mais aussi de partage. C'est un échange entre des internautes qui sont aussi des hommes et qui vont relayer l'information dans leur vie de tous les jours. Les millions de personnes connectées plus de cinq heures par semaine y affichent leurs produits et les commentent. Certains (plus de 30 %) en font même des articles, ce sont des créateurs de contenu qui ont un pouvoir d'influence très important. D'ailleurs, leur rapidité de réaction en fait des journalistes en première ligne de l'actualité. Dans cette nouvelle donne, le marketing tel qu'il a fonctionné tout au long du XXe siècle dans la presse écrite, la radio ou la télévision est voué à l'échec sur le nouveau mass media qu'est le web. La communication de un vers plusieurs, l'unitéralité du message ne s'adaptent pas à un univers où personne n'a le contrôle. C'est la fin d'un impérialisme de l'information en tout genre, et l'expression « le client est roi » n'a jamais été aussi juste. Le web est communion, la communication circule automatiquement de plusieurs vers plusieurs, et les entreprises n'ont pas d'autres choix que de composer avec. Il faut donc faire évoluer votre service marketing.

▶ Le marketing solution : C-P-V

› Conversationnel

Looneo est un site qui propose à des entreprises de s'inscrire et de profiter d'une communauté de consommateurs en ligne. Pour ce réseau, 78 % des Français sont méfiants vis-à-vis des marques et 54 % attendent qu'on les prenne pour des gens intelligents. Le consommateur ne veut plus être simplement considéré comme un simple acheteur. Looneo invite donc les entreprises à poster des articles sur leur marque pour partager leur actualité (lancements de produits, etc.), obtenir des commentaires, échanger avec les consommateurs *via* un forum, le but ultime étant de co-créer avec les consommateurs en dialoguant avec eux. On appelle aussi ce marketing one to one ou B to C (business to consumer : entreprise à client), c'est une relation sans intermédiaires entre la marque et le client.

› Participatif

Il faut donc transformer l'utilisateur en collaborateur. Le marketing participatif se définit par « les techniques d'intégration de l'avis du consommateur dans le process de conception, de développement, de distribution ou d'évolution d'un produit ou un service », selon François Laurent[1]. Cela peut être le test d'un nouveau packaging ou d'un produit en « bêta » (une version non définitive). Avant, le marketing n'avait pas son mot à dire dans la conception des produits, aujourd'hui on

---

1. François Laurent, Pierre Bellanger, *Marketing 2.0*, M21 Editions, 2008.

prend en compte les suggestions des utilisateurs en direct sur internet. Nous sommes à la fois dans le marketing de l'offre (centré sur le produit et la technologie), et de la demande (centré sur le client et ses attentes). Il s'agit donc de savoir utiliser les outils participatifs du web 2.0 dans le processus de communication.

> Viral

Le marketing viral se définit comme une action menée par une entreprise afin de se faire connaître, d'améliorer ou de repositionner son image ou celle de ses produits auprès d'un public cible. Dans ce marketing, les consommateurs sont les principaux vecteurs de la communication de la marque : ils diffusent l'information à leur réseau de connaissances car le discours les amuse, les intéresse, les provoque. Son coût est bien plus faible que celui du marketing direct et l'intensité et la rapidité de diffusion du message sont plus importantes. Aussi, la prescription ou « cooptation » (un ami parle/recommande du/un produit à un ou des amis) apporte la meilleure valeur ajoutée au produit.

Un discours publicitaire différent

Le monde a changé et les marques s'en rendent compte. La maîtrise totale de l'image n'est plus, le courrier des clients mécontents ne termine plus à la poubelle ; au contraire il peut apparaître en première page des moteurs de recherche *via* un tweet ou un message sur un forum de discussion. Et ça n'est pas prêt de s'arrêter avec le développement du web social. La nouvelle génération des consommateurs a changé, elle s'informe très rapidement auprès de la communauté internet avant de dépenser son argent. L'entreprise qu'elle soit artisanat, PME ou présente dans le CAC 40 doit absolument répondre aux nouvelles règles du web participatif sous peine de mettre en danger sa réputation et donc sa santé financière. Elle doit comprendre qu'aujourd'hui tout est partage transparent de l'information, collaboration et cooptation.

▶ Un siècle nouveau

Il y a cinquante ans, avec la démocratisation de la télévision, les entreprises sont entrées dans le foyer d'une famille. Assis à table ou sur le canapé devant la petite lucarne, il est devenu normal de commenter la publicité d'un produit. Le lendemain, conquis par le message publicitaire, on continue d'en discuter entre amis au café ou par téléphone, et le surlendemain on se rend en magasin pour l'acheter car il a su nous faire rêver. À la télévision, l'image est la déclinaison du cinéma : beauté, richesse, le public veut ressembler à l'acteur qui tient le produit. Et le fait que tout le monde voit au même temps cette publicité, le produit devient l'objet suprême à détenir pour être respecté au sein de sa communauté.

Or, avec internet et les réseaux sociaux tout a changé. Si une entreprise s'adresse à un internaute comme elle le fait généralement dans une publicité TV, avec une réclame du type « le meilleur nettoyant ! Achetez le produit X ! », c'est l'échec garanti.

Dans les pays développés, sur 100 produits lancés aujourd'hui, 70 sont des flops. Le consommateur est en effet perdu dans un magasin, inondé de publicités et de nouveaux produits, il se retrouve en position de rejet. L'époque de deux ou trois chaînes de télévision est révolue avec le câble et le satellite ; le choix l'a noyé. Une publicité papier dans la boîte à lettre finira neuf fois sur dix dans la poubelle sans même avoir été lue ; de la même façon qu'un e-mail publicitaire sur internet. Il s'agit donc pour une entreprise de remettre le consommateur au cœur du débat, d'arriver de nouveau à le faire rêver. Le but n'est plus d'enjoliver la réalité mais d'être marque de confiance et de qualité. Lorsque ces deux notions sont acquises au sein de la communauté, c'est elle seule qui s'occupera de la publicité. La seule façon pour une entreprise d'intéresser le consommateur est donc d'entrer dans sa vie, et les réseaux sociaux sont le meilleur moyen pour cela. Ils permettent l'écoute, l'analyse et l'évaluation d'un produit. Pour une nouvelle société il s'agit donc de s'armer de patience et de persévérance.

L'iPad, une publicité online réussie à faible coût

En janvier 2010, Apple annonce la sortie de son iPad, nouvelle tablette tactile pour avril. Dans sa présentation, Steve Jobs, président, est assis et teste en temps réel son nouvel ordinateur ; il nous en parle comme un ami le ferait chez nous. L'absence de fonctions fort attendues n'est pas cachée et la publicité vidéo qui accompagne ce nouveau produit ne repose sur aucun effet visuel particulier : ce sont les chefs de produits dont un mal rasé qui en parlent en interview sur un fond blanc. Ils semblent séduits par ses capacités, et même si leur texte a été appris par cœur, ici nous n'en avons pas du tout l'impression. Ils ne regardent pas directement la caméra, ne sourient pas bêtement, et la musique et le message d'invitation à l'achat ne sont pas surjoués. Tous les codes de la publicité TV sont donc abandonnés au profit d'une véracité du propos. Sur Twitter, Facebook, Digg, etc., des milliers d'utilisateurs donnent déjà leurs avis et explosent les compteurs au fur et à mesure de la conférence : l'iPad dépasse la catastrophe d'Haïti dans les sujets les plus cités. Tous les blogs en parlent et l'iPad se retrouve en tête du référencement Google. Le lendemain même de l'annonce, le journal télévisé n'a pas eu d'autre choix que de mentionner le produit. Et, autre point important, Apple, qui a de par son histoire une réputation de qualité et d'innovateur, n'a encore fait aucune publicité TV ou Radio. Le coût de ce lancement produit est quasi nul, Apple a simplement engagé le consommateur potentiel. Bien sûr, Apple profite de sa force de frappe, mais sa façon de procéder doit vous inspirer. Pensez d'ailleurs à Ustream pour la conférence vidéo en temps réel, une idée qui aurait pu d'avantage aider Apple dans ce cas précis.

▶ Préparer son business plan

Le web offre de nouvelles opportunités de conquête de marché et il reste encore beaucoup de business models (modèles de business) à inventer. Chaque nouvelle entreprise a le même potentiel à l'entrée du net et on peut y proposer et vendre ce que l'on souhaite très simplement.

Les réseaux sociaux sont de réels générateurs de prospects et par conséquent de clients.

Le plan marketing web doit répondre à ces questions :

– **Quel est mon objectif ?**
– **Quelle est ma cible ?**
– **Quels sont mes moyens** (organisation des équipes, combien de temps ?)
– **Quel est mon budget ?**

Une fois la campagne lancée, il faudra établir une mesure du ROI et se préparer à réagir rapidement :

– **Le buzz a-t-il fonctionné ?**
– **Le message est-il bien perçu ?**
– **Envisager une contre-campagne si le message est mal perçu ou n'a pas engagé de discussion**

Quelle stratégie ?

▶ Une stratégie sociale (*Social Strategy*)

Selon une étude du cabinet de conseil USEO, une entreprise doit intégrer cinq notions reliées aux réseaux sociaux. La collaboration sociale (*Social Collaboration*) pour la mise en relation et le partage de ressources entre individus, la gestion de relation client sociale (*Social CRM*) pour engager la conversation avec ses clients, le management de la connaissance sociale (*Social Knowledge Management*) qui a pour but d'augmenter le capital savoir et savoir-faire de l'entreprise. Viennent ensuite le *Social Messaging* : faciliter la circulation de l'information et enfin l'activité sociale (*Social Networking*) : développer le « capital réseaux sociaux » des collaborateurs. Il s'agit d'une nouvelle communication d'entreprise entre employés et employés-clients. Le réseau social permet de stocker des historiques de conversation d'une façon plus probante qu'un e-mail.

▶ Le crowdsourcing

Le crowdsourcing est un néologisme conçu en 2006 par Jeff Howe et Mark Robinson, rédacteurs chez *Wired Magazine*. Calqué sur l'outsourcing qui consiste à faire réaliser en sous-traitance, donc externaliser des tâches qui ne sont pas du métier fondamental de l'entreprise, le crowdsourcing consiste à utiliser la créativité, l'intelligence et le savoir-faire d'un grand nombre d'internautes. La traduction littérale de crowdsourcing est l'approvisionnement par la foule, mais ne reflète pas le véritable contenu du vocable. Une autre proposition de traduction pourrait être : « impartition à grande échelle » ou encore « externalisation à grande échelle », selon Wikipedia. En plus du référencement naturel, de liens sponsorisés, de l'affiliation, du display* et de l'e-mailing qui eux-mêmes sont chaque jour remis en question sur le terrain du web 2.0, il ne faut pas oublier l'impact des bénévoles passionnés qui forment un grand pourcentage des utilisateurs de réseaux sociaux. Nous sommes dans l'ère du crowdsourcing, plus d'un milliard d'humains partage son savoir au sein du web communautaire. Foursquare est l'exemple même du crowdsourcing : ce réseau social se contente de répertorier tous les lieux de la planète restaurants, etc.) et les membres y publient leurs avis et présences.

▶ Donner des raisons d'acheter

Connect with Fans and Give Them a Reason to Buy : entrez en communication avec les fans et donnez-leur des raisons d'acheter, c'est comme ça que vous vendrez. Il faut engager vos acheteurs potentiels et être transparent, car la transparence c'est la confiance et l'engagement c'est la possession du produit, l'attention et donc la monétisation.

Wagram music, 2003

Dans le domaine de la musique, le chanteur Corneille (récompensé lors des Victoires de la musique) et Wagram, son label, ont au départ utilisé des fans pour doper sa carrière. En 2002-2003, c'est l'époque des forums (et pas encore des réseaux sociaux), et ceux dédiés à la musique vont permettre au label d'identifier les passionnés de sa musique. Wagram a très vite pris contact avec eux. Wagram les autorise à publier des news sous forme de blog à l'effigie de la star par exemple ; en échange d'invitation à des concerts, des rencontres privées et d'une primauté sur l'actualité du chanteur. Conquis par ces privilèges, ces bénévoles ont fortement contribué au développement de la notoriété du chanteur.

▶ Les 4P et les 4R

❯ Les 4P

Les 4P du e-marketing qui sont Prix (*Price*), Produit (*Product*), Lieu (*Place*), Promotion sont remis en question avec les sites communautaires basés sur le *real time* (le temps réel). Point important, les publicités n'existent qu'en périphérie du contenu, sous forme de Social ads (publicités sociales, bannières), et elles sont de moins en moins consultées dans cette génération anti-pub. Un matraquage produit ne suffit donc plus pour vendre. Certains ont donc déjà remplacé ces 4P par d'autres termes :

– **Permission**, car le marketing de l'interruption ne fonctionne plus. Il faut désormais entrer dans la discussion et « engager » des individus ou des groupes, se faire accepter.

– **Proximité**, il s'agit de s'adapter aux coutumes des utilisateurs en fonction de leurs lieux de résidence, valeurs… pour les toucher de façon plus subtile. Les assommer avec un discours générique ne fonctionnera pas.

– **Perception**, il faut se contenter de ce que les utilisateurs veulent bien montrer d'eux-mêmes sur leurs profils et faire la différence entre le faux et le vrai.

– **Participation**, on invite les prospects et clients à s'exprimer sur leurs besoins et souhaits d'évolution de la marque.

› Les 4R

C'est Coca-Cola qui a lancé ce nouveau concept en 2009 pour compléter les 4P dans l'univers du nouveau web des réseaux sociaux. Pour le géant de la boisson, Google.com n'est plus seulement le site phare. Maintenant s'ajoutent Twitter, Youtube, Facebook et Myspace à la liste des sites à pénétrer. En une journée, l'objectif de leur équipe e-marketing doit être de provoquer :

– 1 000 articles de blog et posts de forum ;

– 300 tweets ;

– 15 vidéos Youtube ;

– 50 photos Flickr ;

– 25 000 nouveaux amis Facebook.

Les 4R, dont l'objectif est d'alimenter le web de contenus supplémentaires, sont :

– **Review** (critiquer) : ce que dit la communauté des médias sociaux doit donner des idées, générer des vidéos et de la participation.

– **Respond** (répondre) : à tous les commentaires, posts, chat en toute transparence.

– **Record** (enregistrer) : des courtes vidéos destinées à répondre aux conversations avec du Purposeful entertainment (divertissement à but informatif) pour éduquer et informer.

– **Redirect** (rediriger) : la communauté online vers les vidéos et autres contenus des médias sociaux à l'aide du SEO et de la conversation online.

De son côté, Pepsi, le concurrent, investissait en 2009 20 millions de dollars dans une campagne « sociale » pour intéresser les internautes à sa nouvelle boisson Dew. Basée sur le crowdsourcing, la communauté pouvait choisir son goût, son nom et son design. Pourquoi un si vif intérêt pour les réseaux sociaux de la part de ces géants de la boisson ? Avec l'explosion de Facebook et autres réseaux, ils ont simplement jugé indispensable de toucher le consommateur dans son lieu de détente favori du web, l'objectif marketing originel pour toute marque.

Investissez autrement

La technologie sert à mettre en pratique votre business plan.

> La recherche et développement

Investissez dans la R & D (recherche et développement), dans la technologie web : des applications pour mobile (windows, Android, iPhone, Symbian, etc.) et Facebook, des nouveaux modèles publicitaires qui vont se développer avec l'équipement croissant de smartphones et de Facebook, un annuaire mondial.

L'Open Source c'est l'ouverture des codes de votre site internet à des programmes tiers. Cette ouverture de vos sites vers d'autres sites permet de garder l'internaute connecté où qu'il aille et en particulier dans les réseaux sociaux. Vous pourrez ainsi mieux définir son profil : ses habitudes de navigation, les produits et marques qu'il consulte, ses goûts. Tout cela permet ensuite de cibler votre publicité, de la personnaliser. Développez donc le programme destiné à faire intéragir votre interface avec d'autres comme les très fameux Facebook Connect (**voir chapitre 2**), Google Connect et Anywhere (l'équivalent par Twitter). Ces trois programmes permettent de relier les utilisateurs de leurs sites respectifs à tout partenaire du web les utilisant. Les internautes surfent ainsi avec leur identité Facebook, Twitter ou Google et peuvent continuer à communiquer sur votre site comme ils le font sur ces réseaux.

Quelles idées pour une maison de disques ?

Séparer les équipes digitales des autres (promo et promo web par exemple) est un non-sens dans une époque où le mode de consommation de la musique a complètement changé : les ventes de CD continuent de chuter et l'achat d'un mp3 à 0,99 euro sur internet n'est rentable que pour les artistes connus, rarement pour ceux en développement. « Le digital est un composant du mix marketing, et un moyen de distribution. Il doit donc être intégré, de la réflexion stratégique à l'opérationnel. Il n'y a pas de chefs de projets TV ou de chef de projet radio, alors pourquoi des chefs de projets digitaux ? Le digital est par nature transversal, un support de la création aux ventes. Il commence une promo, soutient les ventes. », selon Virginie Berger, spécialiste des stratégies numériques. Il faudrait donc :

– **Encourager la diffusion de la musique gratuite en streaming** (y compris l'exportation des vidéos Embed* qui est souvent rendues privées par les labels) pour faire connaître les artistes car les procès ne servent à rien : les mp3 et la vidéo continueront d'être Free (libres et gratuits sur le web) et les revenus publicitaires à la Spotify ou Airtist. com (sites qui proposent du streaming à revenus publicitaires) sont peu rentables.

– **Vendre tout ce qui est autour du CD** : concerts, jeux, merchandising, vidéos documentaires, connexion directe avec l'artiste (chat, rencontre privée), le iTunes LP (un modèle de vente d'albums sur iTunes qui s'accompagnent de contenu supplémentaire : clips, photos, documentaire sur l'artiste, etc.)

– **Créer des plateformes online de nouveaux talents**, des concours à la « Star academy sur le net pour monétiser : cela draine des contacts, des artistes, un suivi de l'actualité, un concert payant pour la finale etc.

– **Développer des applications mobiles et Facebook** pour accompagner les internautes partout, en plus de monter des partenariats avec les opérateurs télécom et les moteurs de recherche.

– **Lancer une série en ligne sur la création d'un album** attirera plus de regards que de passages TV pour un clip. Ces diffusions sont en plus très couteuses.

– **Engager les fans** en leur donnant la possibilité de créer des blogs officiels, des radios etc. Le développement d'un nouvel artiste doit se faire sur le long terme.

Résumé

Les services marketing et communication des entreprises sont en pleine transformation. Consacrer la majeure partie de son budget au contexte des réseaux sociaux n'est pas peine perdue, bien au contraire. Le web est un réel enjeu depuis ses débuts, car le potentiel d'achat est évident : une personne seule chez elle peut être vite séduite et passer à l'act d'achat.

Le e-commerce (commerce en ligne) devient une habitude d'achat : la musique s'achète de plus en plus sur les plateformes de vente numérique, les vêtements et équipements sur les sites internet des grandes marques et affiliés : Ikea, Fnac, PriceMinister, Ebay, etc. Comme dans les centres commerciaux, tout est fait pour rendre dépendant la personne souhaitant se balader : cinémas, coiffeurs, glaciers etc. On y va par plaisir, pas forcément pour acheter et finalement on ne peut qu'y dépenser.

Les différents commerces veulent désormais siéger dans les cafés du web pour en faire des centres commerciaux car c'est le lieu de vie préféré des internautes. Il ne faut plus seulement créer sa boutique mais en sortir et aller à la rencontre directe du client. On ne peut jamais forcer quelqu'un à entrer mais on peut engager une conversation, et lui montrer ainsi que nos produits sont valables.

Chapitre 5

Votre campagne online

Sommaire

- Le ROI, retour sur investissement
- Méthodologie de la campagne
- Le ciblage comportemental
- Les règles du succès social
- Twitter pour une meilleure affiliation
- La publicité sur Facebook
- Annoncer un événement
- LinkedIn, Google Buzz et Viadeo pour le B to B
- Les outils de monitoring et d'analyse
- Créer un « bad buzz »

Avant, pour mesurer les retombées d'une campagne publicitaire sur internet, on utilisait le *search** (la recherche naturelle et payante *via* les moteurs de recherche), le *display* (matériel publicitaire utilisé sur le lieu de vente pour présenter et mettre en valeur le produit comme les bannières de publicité sur un site internet), l'E-mail, l'affiliation (la stratégie de partenariat avec un site internet). Désormais, il faut aussi compter sur les réseaux sociaux qui doivent en permanence être optimisés. Les internautes commencent à délaisser Google pour leurs réseaux sociaux favoris, que ce soit pour la consultation de news ou la recherche.

Le ROI, retour sur investissement

On parle pour l'instant de *Return of Ignorance* (le retour de l'ignorance) car on ne sait comment analyser ce qui provient des sites communautaires. Pour la société Dell en 2009, @DellOutlet (le compte Twitter) a généré 3 millions de dollars de revenus. Il est en effet facile d'identifier la provenance web d'un acheteur, les pages vues, les commentaires et publications d'un URL avec l'outil d'analyses Google Analytics par exemple. Les nouveaux enjeux du ROI sont désormais :

– le partage des liens du site par la communauté du web (la nouvelle donne d'internet) ;

– la baisse du mécontentement client ;

– les inscriptions et ajouts en contact ;

– la réduction des coûts ;

– la transformation client ;

– devenir leader de son domaine ;

– vendre avec le moins de clics possibles (donc installer sa boutique ou un lien direct dans chaque réseau social).

❱ La campagne online

Selon SVM E-Business, en 2009 le site internet est le levier de vente le plus efficace : 70 % de ROI contre 29 % pour le SEO, 27 % pour l'e-mailing et 7 % pour la bannière publicitaire ! Les pages jaunes sont elles à 4 %. Aussi, pour la majorité des *marketers* on assiste à une réallocation des budgets pour le web au détriment de la presse papier, des radios et de la TV. Et l'évolution continue au sein du web : on favorise de plus en plus l'investissement dans le *rich media* (**voir chapitre 5**), les réseaux sociaux et les blogs.

La campagne (l'action marketing) online permet :

– d'attirer des prospects ;
– de développer une conscience de marque ;
– de générer du buzz ;
– de vendre des produits et services en B to C (directement aux consommateurs) ;
– d'entretenir la relation avec les consommateurs.

Pourtant, dans la majorité des entreprises, et encore plus en France, le budget e-marketing est encore très faible. La société Siemens a décidé de l'augmenter de 30 % en 2010 et de plus en plus de sociétés délaissent la publicité conventionnelle (papier, radio et presse), pour renforcer leur présence sur les blogs, la recherche internet et les forums et communautés online.

Méthodologie de la campagne

Voici comment s'organise en théorie la campagne :

1) Analyse du processus d'achat (achat *offline* ou *online* ? durée de la campagne ?)

2) Définition des objectifs marketing (quelle est la cible ? à quel moment intervenir ?)

3) Application des leviers webmarketing (répartition du budget ?)

4) Analyse (résultats ? Faut-il réviser les budgets ? Faut-il continuer l'opération ?)

En plus de jeux en 3D, de la réalité augmentée (RA) un concept de publicité interactif, il faut penser toutes les actions marketing pour interagir avec la cible, or elle se trouve « concentrée », c'est-à-dire en position de réception et d'analyse d'information, sur les réseaux sociaux plus qu'ailleurs sur le web. À ce jour, l'investissement dans une campagne publicitaire sociale représente plus de deux milliards d'euros, mais cela est encore peu et représente surtout l'activité des sociétés américaines. Nous observons cependant depuis 2009 une forte hausse de ce type d'investissements chez les entrepreneurs.

Le ciblage comportemental

L'expression *ciblage comportemental* est la traduction française du terme anglo-saxon Behavioral Targeting, souvent employé sous l'abréviation BT. Cette technique publicitaire consiste donc à employer des éléments comportementaux, notamment l'historique des pages visitées, les recherches effectuées sur les sites, les produits mis en panier et/ou achetés en ligne, le clic sur bannière publicitaire, les taux de transformation, etc. pour déterminer avec précision les centres d'intérêt d'un internaute ou d'un mobinaute. Le but final est le bon produit pour le bon prospect.

Les données utilisables sont :

– les pages consultées ;

– les requêtes dans des moteurs ;

– le comportement vis-à-vis des pubs visualisées ;

– les données déclaratives recueillies dans les profils.

Les bénéfices du ciblage comportemental :

– cibler précisément les internautes en fonction de leurs centres d'intérêt ;
– améliorer le retour sur investissement des campagnes ;
– élargir le champ des possibilités d'achat ;
– donner une meilleure perception de la publicité à l'internaute.

❱ Envoyer le bon message à la bonne personne

Le défi pour un annonceur est d'envoyer le bon message, à la bonne personne et au bon moment, ce que permet un réseau social. Facebook et ses 400 millions d'utilisateurs sont devenus une menace pour le géant Google car il peut en théorie déterminer précisément les profils de ses utilisateurs. Certains publicitaires n'y voient que du paraître, donc rien de concret et se cantonnent à l'achat onéreux de mots-clés Google ; d'autres, en revanche, préfèrent viser directement les réseaux sociaux car cela est moins cher et se révèle être tout aussi efficace. La promotion engendrée par le partage de la communauté, la campagne localisée, la recherche sociale et les achats de publicité « sociale » sont les nouveaux enjeux du web.

❱ Les données déclaratives, un problème en soi

Les réseaux sociaux ont bien sûr en coulisses tous les renseignements pour réaliser un ciblage comportemental efficace. En 2008, le système de Facebook nommé Beacon avait défrayé la chronique et annoncé le lancement de solutions similaires chez Google (Open Social), MySpace (HyperTargeting), Xing, etc. De cette façon les réseaux sociaux sont financièrement rentables puisqu'ils intéressent les annonceurs. À la clé, un parti politique peut envoyer un message à des internautes de gauche ou de droite, en fonction de l'âge et du sexe, des groupes qu'il adhère, etc. Premier souci en Europe : Facebook a dû abandonner Beacon et donner l'opportunité à ses utilisateurs de définir seul le respect de leur vie privée *via* l'outil Confidentialité. Second problème pour l'expert marketing : dans ce cas, le ciblage n'est basé que sur des données déclaratives. Le but d'un réseau social est aussi l'amusement, alors doit-on prendre pour vérité tout ce qui y est publié ? L'âge donné, le salaire, les pages dont il est fan, etc.

Pour aller + loin : l'utilisateur des réseaux sociaux est-il lui-même ?

Avant d'annoncer l'avènement d'un nouveau marketing basé sur le web, il est utile de comprendre que quelque chose a changé en 2010 avec la nouvelle politique de confidentialité de Facebook. Ce site d'origine universitaire a en effet activé par défaut l'affichage public de tous ses profils. En clair, c'est à l'utilisateur de rendre privé ou non sa vie virtuelle. Ce changement de la part du seul réseau social site qui n'accepte que des noms et prénoms réels (en dehors des Viadeo, Linkedin et autres sites professionnels) est un pas en arrière pour les équipes marketing car l'utilisateur qui prend un pseudonyme (une habitude sur les autres réseaux sociaux) ou qui sait que son profil est visible par l'ensemble de la communauté est le même.

Comme dans les jeux en ligne, il va souvent s'inventer une vie ou du moins l'arranger, il va cacher ses côtés sombres et publier ses plus belles photos. Cependant, ce phénomène dû au regard des autres et de la « notoriété » se retrouve dans la vie de tous les jours et pousse les consommateurs à agir en fonction des autres et moins de soi, donc les pages à venir ne seront pas inutiles... Et puis connaître le nom, le visage et le prénom d'une personne est un élément moins important pour une entreprise que de savoir ce qu'il aime ou pas, qui est son entourage et ses habitudes d'achats, des éléments bien renseignés par les sites communautaires.

❱ Le profiling

Selon Alain Sanjaume, directeur de Wunderloop France (société spécialisée dans les solutions publicitaires de ciblage comportemental) : « Le vrai ciblage comportemental doit mixer les méthodologies de profiling des internautes (l'analyse de leur profil). Les données déclaratives doivent être vérifiées par des données de surf, de clics sur les bannières publicitaires, des statistiques, des outils de panel et d'analyse d'audience, des questionnaires envoyés aux internautes ; le vrai ciblage comportemental se fait avec des algorithmes complexes et non avec une solution simpliste à base de données déclaratives. ». De vrais partenariats avec les réseaux sociaux doivent donc être votre motivation première en plus de l'animation en one to one : une publicité Facebook et Twitter (avec la plateforme de publicité de ce site prévue pour 2010).

❱ Analyse en temps réel possible ?

Le fait d'observer les centres d'intérêts des membres d'un réseau comme les vidéos les plus consultées sur Youtube est un moyen efficace de définir le profil de ses utilisateurs (intérêts, goûts). Et la technologie la plus redoutable encore peu utilisée est celle qui utilise les propos de l'internaute en temps réel et lui propose un message publicitaire correspondant à son état d'esprit ou à ses intentions grâce à un moteur linguistique. TopicIntentions utilise cette technique et décèle ainsi les éventuelles intentions d'achat. L'analyse de contenu ressemble à Adsense chez Google. Plusieurs publicitaires du web offrent pour l'instant de la pub ciblée en fonction des habitudes de visites de l'utilisateur, mais il est tout à fait possible de prendre pour référence les publications des réseaux sociaux pour offrir de la publicité adaptée. Exemple : l'utilisateur parle de baskets sneakers, et le publicitaire lui propose instantanément des bannières publicitaires de ces chaussures. C'est cette forme de publicité ciblée qui va se développer.

Les règles du succès social

Selon Lewis Howes, journaliste sportif et auteur du livre *Linkedworking*[1] paru en 2009 la référence voici les conseils d'un succès « social » :

– Être soi-même, ne jamais publier des annonces de type « publicité : « Bonjour tout le monde, bienvenue sur xxx.com, pensez au nouveau produit x… »

– Être pro-actif : allez là où vont les plus grandes vagues d'internautes : Twitter et Facebook aujourd'hui, et demain ?

– Apportez de la valeur ajoutée : un contenu inédit, de la qualité ; c'est cela qui est à même d'être partagé sur la toile.

– Économisez du temps avec Ping.fm et Tubemogul.com pour diffuser votre message sur tous les sites en une seule fois.

– Soyez professionnel : restez dans votre domaine.

– Faites de la promotion pour d'autres qui sont auteurs de contenus intéressant.

– Rencontrez les gens au téléphone et en face à face : conférences, réunions, etc.

– Remerciez toujours les autres, ils reviendront.

À cela il convient d'ajouter :

– Une étude de marché ayant prouvé qu'il y a un réel besoin pour votre produit.

– Une perception positive de votre marque et produit.

– Plusieurs comptes dans les mêmes réseaux pour dépasser les limites d'ajout de contacts (Facebook limite à 5 000 amis et sur Twitter vous ne pouvez suivre que 2 000 personnes maximum tant que vous n'avez pas dépassé les 2 000 followers).

– La connaissance de la différence entre un vrai et un faux prospect. La plupart des marketers présents sur le web social essaient tant bien

---

1. Lewis Howes, *Linkedworking*, Four Eighteen Entreprises, 2009.

que mal de convaincre, de dire que leur business est mieux qu'un autre, alors que le discours doit sembler authentique.

– Un ton léger, une utilisation de la langue des internautes (lisez les *updates* des « leaders » pour connaître les derniers termes à la mode) et de l'humour sont des éléments à mettre en pratique car ils rapprochent les internautes.

– La qualité de votre produit n'est pas à louer si elle est vantée par vos consommateurs directement sur les réseaux sociaux.

Twitter pour une meilleure affiliation

De plus en plus, les acteurs de l'affiliation web se servent du site de microblogging le plus connu. Cette technique marketing née en 1996 avec Amazon a lancé sur le web les notions de conseils et de commissions : un site web va publier le catalogue de produits d'une entreprise pour le vendre et en échange va recevoir une commission. Les avis et commentaires sur les produits, caractéristiques du web 2.0, ont pris une place importante (au même titre que les étoiles de qualité d'un film sur allocine.com) dans ces sites car ils donnent un feedback (l'appréciation du produit) immédiat au potentiel acheteur. La Fnac, le iTunes Store, PriceMinister et tous les sites marchands se sont dotés de cet outil social mais aujourd'hui, il est tout aussi habile pour une entreprise et des revendeurs de se servir des réseaux sociaux : ils y retrouvent ces fameux avis et commentaires mais aussi des conseils de la part des utilisateurs et la possibilité d'être en relation directe avec eux. Twitter sert à :

– générer du trafic qualifié ;
– communiquer avec les clients ;
– obtenir un retour direct sur vos produits ;
– recruter de nouveaux affiliés (ceux qui ont le plus d'abonnés mais aussi des sites marchands inscrits sur Twitter).

En amont, il aura fallu préparer le discours de marque à la première personne « je », s'inscrire dans les groupes et listes Twitter* en rapport avec le produit concerné, interagir avec les passionnés, utiliser les « # » (les *hashtags* : **voir chapitre 1**, encadré sur Twitter) pour rebondir sur les Hot trends, et communiquer régulièrement sur l'actualité du domaine en question. L'affiliation est un outil de performance marketing efficace et permet à l'affilieur d'obtenir une visibilité accrue en limitant ses coûts, les réseaux sociaux sont ainsi la réponse gratuite à ces sites statiques d'entreprise qui voyaient en les sites marchands l'unique lien direct avec les consommateurs. Cette tendance à l'affiliation « sociale » va donc continuer de se développer.

Twitter pour monétiser

Une société de T-Shirts de Chicago a lancé un concours : le slogan de T-Shirt qui récolte le plus de votes gagne 2 000 dollars. Les 140 caractères de Twitter ont permis aux utilisateurs de vendre leur t-shirt personnalisé en se connectant avec leur login Twitter sur le site de la marque. Threadless.com a enregistré 100 000 soumissions et 3.5 millions de votes mais aussi un million de followers supplémentaires. Faire participer en donnant des prix est un bon moyen de lancer sa campagne.

Provoquez les RT

Les updates sont les publications les plus lues dans les réseaux sociaux car ils apparaissent dans la Timeline (voir lexique). Ces phrases courtes sont donc très importantes, en moins de 140 caractères il faut déterminer le message publicitaire qui peut devenir un RT sur Twitter. Faire une réduction sur le produit à ceux qui font des repost peut lancer un buzz : « Produit X à 30 euros jusqu'à jeudi ! ». Ne soyez pas trop répétitif, agrémentez votre discours des différentes caractéristiques du produit, engagez la discussion avec des questions ouvertes, ne soyez pas dans l'affirmation mais dans l'interaction.

La recherche

Même si vous avez peu de followers, si tous les jours vous vous rendez sur le moteur de recherche Twitter et que vous tapez les mots-clés en rapport avec votre activité, vous trouverez votre cible. Il suffira de leur répondre avec un message personnalisé leur expliquant pourquoi votre produit et un lien pour l'acheter. L'application Tweetdeck (**voir annexe**) met à jour des recherches par mots-clés instantanément.

Les vendeurs ambulants et Twitter

Le géomarchandising est une technique géomarketing visant à adapter la gamme de produits mis en vente en fonction de la clientèle d'un point de vente. Si vous avez un camion-crêperie ou une pizzeria ambulante, Twitter va vous servir (et maintenant Facebook qui proposera cette fonction en 2010). Avec la géolocalisation vous pouvez envoyer des messages et invitations aux personnes proches mais aussi donner envie à vos followers de vous rejoindre avec de l'humour et des réductions. Ce sont des sortes d'SMS vivants : on sait où se trouve exactement le destinataire. Pour recruter en masse, profitez de Ping.fm qui met à jour tous vos statuts au même temps : Facebook, MySpace etc. Et sur Facebook, avec votre compte « Creperie X », faites des demandes en amis à ceux qui habitent dans la ville où vous vous situez quelques jours avant de vous y rendre. Sur le nouveau-né Foursquare.com, ajoutez en contact les clients de vos concurrents.

La publicité sur Facebook

Facebook c'est plus de 15 millions de Français, soit un taux de pénétration de plus de 20 % du marché.

Dans tous les réseaux sociaux, la campagne publicitaire se fait ainsi :

– création d'un profil public ;

– ajout de contacts ;

– publication du message publicitaire sur le mur du profil et sur les murs des amis.

Pour avoir plus d'impact, il faut créer plusieurs profils et ajouter le maximum de contacts-cibles à l'aide de l'outil Recherche. Publier un article/photo/événement/vidéo sur le mur d'un ami, c'est, sous réserve qu'il soit commenté, arriver en haut du Fil d'actualité en « A la une » sur la page d'accueil de tous vos « amis » Facebook.

▶ Promouvoir

Si vous n'avez qu'un compte Facebook et pas de page, il faudra organiser les contacts en listes : amis, clients, prospects. Depuis le groupe
et la page il est possible d'envoyer un message à tous les membres et
fans. Dans la page, la cible de ce message (la « mise à jour ») peut être
envoyée par l'âge, le sexe, le lieu de vos fans. Avec la page Facebook
vous avez également accès à la fonction payante « Promouvoir avec
une publicité » qui permet de recruter de nouveaux fans non ajoutés
sur le compte basique. Facebook peut envoyer votre publicité sous
forme d'ad (publicité) situé sur la navigation de l'interface Facebook
à 25 pays différents au même temps. Facebook détermine la position
géographique d'un utilisateur avec l'adresse IP, ce qui évite les fausses
informations. Aussi le ciblage obéit aux critères suivants : âge, mots-clés,
formation, lieux de travail situation amoureuse, langues, connexions
des amis et des amis des amis à des pages/groupes/événements/
applications en particulier. Vous pouvez choisir entre coût par clic (CPC)
et coût pour 1 000 impressions (CPM).

La publicité selon Facebook : « Pour chaque stock de publicités
disponibles, Facebook sélectionne la meilleure publicité à afficher en
fonction du coût par clic/impression, ainsi que de ses performances. Si
vous choisissez le modèle CPC (coût par clic), vous devez également
faire une offre sur le montant que vous êtes prêt à payer pour chaque
clic effectué sur votre publicité. Votre publicité sera affichée dans
l'Espace publicitaire de Facebook. Le montant facturé ne peut en aucun
cas dépasser votre budget quotidien. Si vous choisissez le modèle CPM
(coût par 1 000 impressions), vous devez faire une offre sur le montant
que vous êtes prêt à payer par tranche de mille impressions de votre
publicité. Votre publicité sera affichée dans l'Espace publicitaire de
Facebook. Le montant facturé ne peut en aucun cas dépasser votre
budget quotidien. », (extrait des conditions du site Facebook)

Un salon de coiffure

Un responsable de salon de coiffure et spa a ciblé des jeunes femmes dans sa région qui mentionnent des noms de people dans leurs updates (en entrant le lieu dans la campagne et les noms des stars sous forme de mots-clés). Le seul moyen de réussir est bien sûr de tout d'abord tester les différents ciblages à faible coût : hommes seulement ou hommes et femmes, différents âges etc. La photo et le texte utilisés doivent dénoter du paysage Facebook pour attirer l'œil au milieu des nombreux événements et publications de ce site. Ce salon s'est servi d'un texte simple, provoquant la curiosité de tous « Le printemps est là. C'est le moment de se faire beau. ». La clientèle a alors augmenté de 20 %. Cependant, je ne vous conseille pas d'investir tout votre budget dans ces publicités car il s'agit de bannières qui viennent se greffer à l'interface de Facebook et peu d'utilisateurs s'y attardent et les assimilent au « spam ». Mieux vaut engager une web team : des internautes en rapport avec votre activité qui vont parler directement de votre produit à leurs réseaux sous forme de discussion.

Pour aller + loin : le spam ?

Beaucoup conseillent de ne pas spammer, c'est-à-dire inonder les internautes d'un message unique impersonnel : une *update* répétée des dizaines ou centaines de fois. Les liens d'amitié et de discussion s'en trouvent rompus mais cette technique peut fonctionner : on vous lira forcément, du moins on ne pourra pas vous ignorer ! mais attention à ne pas être banni des réseaux sociaux eux-mêmes : Facebook limite l'envoi de messages à 50 par jour et Twitter empêche de trop tweeter (leur politique à ce sujet est imprécise). Sur les autres réseaux sociaux, vous pourrez spammer librement. Ajoutez une formule de politesse à votre message et une vidéo, cela peut avoir un impact positif pour une action qualifiée normalement de « négative ». Le but est de vous faire entendre, et une *update* ne suffit malheureusement pas, noyée dans le flot des publications du web !

> Combien de publications par jour ?

@██████████ jten prie bonne soiree

3:18 PM Mar 12th via Twittelator in reply to communityBat

quand tweetdeck integrera Ping.fm ce sera le bonheur ou presque;)
1:37 PM Mar 12th via Twittelator

@██████████ hello socialoomph.com le fait gratuitement
1:36 PM Mar 12th via Twittelator in reply to communityBat

@██████████ oui Tigerlily est vraiment bien, sinon le bon vieux FBML avec du content personalisé;) à bientôt enchanté
1:49 PM Mar 10th via web in reply to communityBat

@██████████ oui voila, c'est pour les non fans uniquement;)
1:29 PM Mar 10th via web in reply to communityBat

@██████████ au fait le fameux Kikin en attendant des moteurs de recherche plus développés;)
http://www.kikin.com/
7:14 AM Mar 10th via web in reply to thibaultduthuit

looking for Second Life professional users, urgent
7:11 AM Mar 10th via web

Comparing the iMacs 27inch icore5 and intelcore 2 duo: Final Cut Pro, Pro Tools, Photoshop
7:10 AM Mar 10th via web

Sur Twitter, il faut être très prolifique. Faites des RT (Reposts) de publications que vous jugez intéressantes, un bon moyen de flatter l'ego des auteurs de ces posts qui vous suivront sûrement à leur tour. Sur Facebook, une ou deux par jour est le maximum sinon vous risquez de perdre des contacts lassés par votre hypra-activité, de plus le mur de votre profil Facebook laisse place à moins de dix messages affichés sur la même page.

> Wildfireapp.com

Cette application se greffe à votre Page business Facebook et permet de lancer en quelques minutes une opération marketing sous forme de concours, cadeaux virtuels, quizz, etc. Cette campagne peut être reliée à Twitter. De plus, une analyse complète en temps réel de votre data* est téléchargeable : comportement des utilisateurs, origines démographiques, etc. Retrouver les ambassadeurs de votre marque, ceux qui en parlent à leurs amis, devient facile.

Annoncer un événement

▶ Le blog seeding

Tout commence par un article publié sur votre blog (Wordpress ou Tumblr par exemple). Le choix du titre est important : il doit être court, en anglais si votre clientèle est internationale et compréhensible. C'est ce titre qui va devenir update ou tweet dans l'ensemble de vos réseaux sociaux lorsque vous allez le partager avec votre communauté du web. Sur ce blog, n'oubliez pas d'ajouter des boutons Digg it, Delicious, Stumbleupon, Share it in Twitter, Facebook… disponibles sous forme de plug-in chez Wordpress ou sur addthis.com) à la fin de vos articles et des icônes de vos réseaux en haut à droite de votre blog. C'est ce que l'on appelle les social widgets, important et exportant vos liens dans les réseaux sociaux dans tous les sites que vous souhaitez comme votre site-catalogue et un blog. De cette façon, si votre article est jugé intéressant, des internautes s'empresseront de visiter vos profils sur leur réseau social favori mais aussi de le diffuser sur la toile et de le partager avec leurs contacts sur Facebook et autres réseaux « privés ». En bref, facilitez la navigation et prouvez que vous êtes réceptif au web 2.0 (**voir annexe** pour plus d'informations).

Laisser des commentaires aux bloggers les plus lus dans votre activité est un excellent moyen de capter leur attention. Tous ces activistes du web ont souvent un Facebook et un Twitter relié à leur blog pour une diffusion massive à tous leurs contacts. Si votre produit les intéresse, invitez-les à le tester, à bénéficier d'une promotion en échange d'articles, ou laissez simplement un lien vers votre vidéo de présentation en commentaire de leurs articles.

▶ Ustream pour le rendez-vous vidéo

Donner rendez-vous à vos contacts pour une conférence vidéo interactive est un vrai plus pour votre campagne. Avec Ustream, vous pouvez faire payer votre communauté pour assister à votre présentation inédite et surtout répondre à leurs questions en temps réel. Tous leurs commentaires et vos réponses apparaîtront sur Twitter, ainsi d'autres utilisateurs seront tentés de vous rejoindre. Utilisez les Hashtags (« # » les sujets cités sur Twitter, exemple : #iPad) et mots-clés pour être bien référencé dans le moteur de recherche Twitter. Ensuite postez cette vidéo sur Youtube pour davantage de visibilité sur le long terme (*via* Ustream). Ne commencez pas par la publier surYoutube, vous perdriez l'effet de surprise et de rendez-vous réel (avec une dimension temporelle) que permet Ustream.

▶ MeetUp pour se rencontrer

Les réseaux sociaux ne sont à l'origine que la première étape avant le rendez-vous téléphonique et le face-à-face. Meetup.com a eu l'idée de permettre à des utilisateurs de Facebook de faire la publicité de leur événement « réel » et d'inviter à la fois leurs contacts Facebook mais aussi tous les inscrits de ce site communautaire à part entière qui sont proches du lieu de l'événement. Inviter les personnalités du web et responsables de réseaux sociaux est aussi un bon moyen d'être visible car ils posteront à leur tour l'info et des commentaires sur leur réseau « je vais à la conférence de ... ».

▶ L'événement Facebook

Dans Facebook, il est possible de créer un événement de trois façons différentes : *via* votre profil, votre groupe ou votre Page. Le mieux est de créer le même événement trois fois : pour ces trois segmentations. Vous ne pouvez inviter que vos amis, ceux que vous avez dans votre profil, mais ainsi votre événement sera affiché dans l'actualité des événements de tous vos contacts sans exception. Vous avez sûrement des amis qui ne sont pas fans de votre page ou membres de votre groupe et vice-versa. Dans votre page et groupe, une fois votre événement crée (avec un titre court), envoyez une Mise à jour et un Message à tous vos fans et membres pour les tenir informés de la création de cette annonce. Pour multiplier les chances de réussite, dans les Détails » de l'événement cochez Autoriser les participants à inviter des amis, afin que chacun puisse recommander votre annonce à ses contacts. Décochez Afficher la liste des invités » pour éviter qu'un événement raté, c'est-à-dire sans participants, se voie.

Ajoutez des photos et vidéos, cochez Activer le mur de l'événement que chaque participant potentiel puisse s'exprimer. Surtout, une fois l'événement passé, gardez son URL, vous pourrez à tout moment envoyer un message à tous les invités. Contrairement à la mise à jour dans la page Facebook, ce message arrive directement dans la boîte de réception de l'utilisateur, un sacré avantage pour garder contact.

▶ Flickr et Twitpic

Un lancement produit s'accompagne de photos, alors plutôt que de simplement les poster sur son site, autant profiter d'une communauté de plusieurs millions d'actifs pour plus de réactions. Taggez vos photos et ajoutez le maximum de contacts présents dans les groupes Flickr en rapport avec votre activité. Twitpic est le service photo de Twitter. Vous vous connectez avec vos identifiants Twitter et vous publiez des photos qui se transforment en Tweets. Soyez exclusif ; pour être lu, il faut être détenteur de l'information ultime et du produit révolutionnaire. Si votre conférence a lieu dans un endroit « réel », postez les photos des intervenants et du public, ils en feront eux-mêmes des RT.

Exemple

Canon anime sur Flickr une communauté autour de l'un de ses appareils photos : les internautes exposent leurs photos en ligne et par un système de FAQ, Canon ou les internautes eux-mêmes répondent aux interrogations des utilisateurs de l'appareil. Plus de 9 000 messages postés, 600 000 photos. La qualité du contenu, la transparence, la réciprocité sont des valeurs très importantes qui encouragent l'achat et fidélisent.

LinkedIn, Google Buzz et Viadeo pour le B to B

« Outre la visibilité et le contrôle de l'image, les réseaux sociaux sont un carnet d'adresse à distance pour les entreprises mais aussi une bibliothèque d'informations en ligne de leur activité. Ces sites de mise en relation permettent d'adhérer à des communautés fondées sur des centres d'intérêt partagés. », selon Nicolas Vieuxloup, directeur RP chez Viadeo.

Dans ces sites regroupant uniquement des professionnels (plus de 60 millions), il est facile de toucher directement des groupes par intérêts/industries/entreprises/lieux. De plus, sur Viadeo (qui compte des millions d'inscrits en Chine *via* le site Tianji ; pensez donc à créer votre profil chinois) il est très bénéfique pour les membres de discuter de l'actualité de leur domaine et de publier des liens externes comme sur Twitter. Vous pouvez donc constituer votre propre réseau avec les groupes et discussions en rapport avec votre activité. L'inscription complète (pour accéder à toutes les fonctions possibles) chez Viadeo est payante mais sa réputation n'est plus à faire : les vrais professionnels y sont inscrits. Votre profil doit comprendre les grands acteurs de votre milieu pour les intéresser à vos projets, le lien vers votre blog et votre compte Twitter.

Des sites externes comme OpenForum de American Express ou AT & T ont vocation de réunir des PME et entreprises sous forme de réseaux sociaux indépendants, inscrivez-vous, c'est ainsi que vous renforcerez vos partenariats.

Google Buzz a pris d'assaut le web 2.0, faites une recherche par mots-clés (*via* son moteur de recherche) de votre activité et abonnez-vous aux profils professionnels. S'ils s'abonnent à leur tour à votre actualité, ils liront vos Tweets puisque Google Buzz peut être relié à votre compte Twitter.

Les outils de monitoring et d'analyse

Mesurer le retour sur investissement n'est pas encore une activité dominée par les entreprises. Des solutions payantes sont disponibles, il s'agit d'entreprises qui proposent des services de communication, marketing social et donc d'analyses (la société Omniture par exemple). Mais des outils simples et gratuits existent aussi. Le principe est d'augmenter vos visites, contacts, amis et fans et de comptabiliser les réactions. Les chiffres de vente sont faciles à déterminer. Se servir d'outils d'analyse comme Analytics est pour l'instant la meilleure chose à faire pour établir un compte rendu de votre opération en attendant la « professionnalisation » des réseaux sociaux : plus d'outils de monitoring pour les entrepreneurs. Pour les outils de pilotage, n'oubliez pas, au préalable, de vous équiper (**voir annexe**).

❯ Google Trends et Keyword pour la recherche Google

L'intégration des publications des pages Facebook, Twitter et MySpace sur le moteur de recherche Google est un élément clé qui peut être mesuré. Google Trends affiche combien de fois un terme est recherché dans chaque région du monde et Google Keyword est un outil donne le nombre fois qu'il est recherché dans un mois donné. Avec Keyword, les marketers peuvent publier des messages sur leur page Facebook qui vont être indexés et ainsi apparaître dans les résultats de recherche. Il faudra subtilement placer des mots-clés dans l'*update*. Exemple : Apple pourrait publier : « Les tutoriels Final Cut sont disponibles, regardez-les ! » et ainsi apparaître en résultat Google pour tous ceux qui recherchent « tutoriels Final Cut ». L'intérêt de la segmentation des publications (en intégrant des mots-clés évidents) au sein des réseaux sociaux devient donc un élément clé du succès online.

❯ Ego pour surveiller ses visites

Cette application iPhone permet de connaître en temps réel le nombre de *followers* sur Twitter, de visites sur Vimeo, les rapports d'analyse Google Analytics et Feedburner (ce dernier donne un reporting sur les visites de votre site internet et/ou blog).

Les retours d'une campagne sur Twitter ou Facebook se font dans la semaine même de lancement et dans les deux premiers jours surtout. Après, votre information est noyée par le flux de publications des réseaux sociaux. Si vous n'avez gagné aucun contact, relancez votre événement, mais cela est sûrement dû au fait que vous n'avez pas ajouté des contacts cible ou que votre message n'était pas assez clair, ou peut-être trop générique.

▶ Socialoomph pour Twitter, Google Buzz et Facebook

Pensez à Socialoomph.com pour automatiquement suivre les utilisateurs Twitter qui vous « follow » et vous séparer de ceux qui ne vous suivent plus. Ce site envoie un message de remerciement qui peut s'accompagner d'un rendez-vous sur la page Facebook pour plus d'informations sur votre marque « Merci ! Rendez-vous sur http://www.facebook.com/mapage pour des promotions et plus d'info ! ». Là encore, attention de ne pas dépasser la limite de 140 caractères et de toujours écrire vos liens en « http : » pour qu'un navigateur puisse les ouvrir. Dans sa version payante, Socialoomph met à jour votre compte et page Facebook et propose un outil incroyable : l'ajout automatique de contacts Twitter à l'aide de mots-clés (exemple : si je suis vendeur de bijoux, je renseigne « bijoux, boucles d'oreilles, pendentif » et tous les profils qui mentionnent ces mots dans leurs tweets seront ajoutés à mon compte), un excellent moyen de trouver des partenaires, passionnés et consommateurs de votre secteur. Aussi, il permet la programmation à l'avance d'updates et de posts sur votre blog, et il intègre Ping.fm. Les statistiques sont simples et concernent vos comptes Twitter : le nombre de *followers* et de Tweets publiés.

❱ Ping.fm pour analyser les updates

Comme nous le verrons en annexe, ce site est un must pour les utilisateurs de réseaux sociaux, il met à jour tous vos sites sans (presque) aucune exception. De plus, il offre une interface d'analyse de vos publications. Cliquez sur Recent Posts (Publications récentes) puis cliquez sur l'URL publié dans chacune de vos updates (*publications*) et s'ouvrira une page comptabilisant le nombre de clics (dont les clics par visiteur), la provenance géographique du visiteur, la source (dans quelle plateforme le visiteur a-t-il lu le lien ? Facebook par exemple) et un nouvel outil du nom de « Conversation » publiera très bientôt le nombre de repost (a-t-on re-publié votre lien ?). Tout cela est gratuit, profitez-en.

❱ Des outils spécifiques Twitter :

Retweetist.com compte le nombre de RT de vos posts et les affiche sur une page. Twitalyzer donne beaucoup de mesures : impact, référencement, influence, générosité, hashtags cités, etc. Cliquez sur Define pour une définition de chaque outil pris en compte.

❯ Hootsuite.com

Cette surface de contrôle à la Tweetdeck (**voir annexe**) pour Wordpress, Linkedin, Twitter et compte et Page Facebook permet d'une part de publier au même temps votre post sur tous ces sites avec une extension installée sur votre navigateur et une application (payante) sur iPhone, de faire participer sur l'interface de contrôle tous les employés de votre entreprise, et d'autre part propose un des meilleurs outils de statistiques de vos Tweets. Des graphiques illustrent la provenance géographique des personnes ayant cliqué sur vos Tweets.

▶ Les statistiques de la page Facebook

Si le groupe ne donne aucune indication précise sur les visites, la page Facebook offre gratuitement une très bonne interface d'analyse quotidienne de consommation des médias (lectures audio, vidéo, photo), du nombre de pages vues, abonnement, et de données démographiques de vos fans (âge, pays, langue). Cela n'est pas la seule façon de mesurer l'audience de votre page puisque l'on peut installer Google Analytics *via* l'application Facebook FBML[1]. Surveillez chaque jour vos statistiques depuis la page : Statistiques>Afficher tout » (mais ça n'est pas encore accessible depuis l'application iPhone).

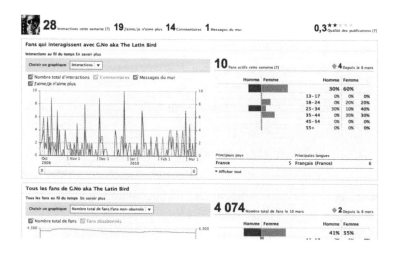

Voici le message de Facebook à propos du graphique des interactions qui apparaît sur les statistiques de la page Facebook : le graphique d'interaction montre l'interaction des fans avec vos messages et leur consommation de votre contenu.

« – Interactions : nombre total de commentaires, de messages de mur et de "j'aime/je n'aime pas".

---

1. Il faut y intégrer le code d'Analytics, http://bit.ly/cNETsH pour le procédé.

– Interactions par publication : nombre moyen de commentaires, de messages de mur, et de "j'aime/je n'aime plus" produits pour chaque contenu que vous publiez.

– Qualité de publication : score mesurant l'intérêt de votre contenu pour les utilisateurs Facebook. Une plus grande qualité de publication indique un plus grand intérêt de la part des utilisateurs.

– TDC/TDI : ce graphique est une mesure du taux de clics et du taux d'intérêt (les fans sont-ils intéressés par vos publications ?) pour votre contenu apparaissant dans les actualités Facebook. Si un utilisateur clique sur un de vos messages, celui-ci sera comptabilisé dans le TDC de fil d'actualité. Si un utilisateur aime ou commente un de vos messages, celui-ci sera comptabilisé dans le TDI de fil d'actualité. Notez que ces données sont basées sur un échantillon et sont donc une estimation de vos Flux TDC et TDI de fil d'actualité.

– Messages de discussion : nombre de sujets de discussion créés par les utilisateurs sur votre Page.

– Avis : nombre de fois que les fans ont utilisé l'application Avis pour donner une note à votre Page. »

Le message de Facebook à propos du graphique des fans :

« Les administrateurs de pages qui publient du contenu intéressant conserveront des fans, alors que les administrateurs qui publient du contenu de faible qualité (voire indésirable) perdront des fans et des abonnés. Les graphiques montrent l'évolution d'acquisition et d'abonnement d'utilisateurs.

– Total de fans/désabonnés : nombre total de fans au fil du temps, avec le nombre total de fans qui ont choisi de masquer vos publications dans leur fil d'actualité (désabonnés).

– Nouveaux fans/fans désinscrits : nombre de personnes qui sont maintenant fans de votre page ou qui se sont retirées des fans de votre page.

– Pays principaux : croissance de votre nombre de fans en fonction du temps, organisée par pays.

– Démographie : croissance du nombre de vos fans classés par âge et par sexe.

– Affichages de page : nombre total de fois qu'une page a été vue par jour.

– Consommation des médias : total de photos vues, de lectures audio et de lectures vidéo pour le contenu que vous avez téléchargé sur votre page.

– Désabonnements/réabonnements : nombre total de désabonnements de votre page et nombre total de réabonnements à votre page. »

▶ Google Analytics pour votre site-blog

Avec un compte Gmail, vous accédez gratuitement à cet outil d'analyse de votre blog, site internet ou page Facebook. Le nombre de visiteurs uniques, la localisation de vos visiteurs, le temps passé sur vos pages, la provenance, tout y est. De plus, si vous avez un iPhone, installez l'application gratuite Analytics Lite pour continuer à suivre votre activité en extérieur.

Pour aller plus loin : le vocabulaire de l'analyse

Les visites : dès qu'un internaute clique sur un lien vers votre blog où qu'il entre votre adresse dans le navigateur, une visite est comptabilisée même s'il ne passe qu'une demi-seconde sur votre site.

Les pages vues : l'affichage d'une page de votre site est égal à une page vue. Couplée à l'information du nombre des visites, vous pouvez vous faire une idée du nombre de pages vues en moyenne par visite.

Le taux de rebond (*Bounce Rate*) : c'est le pourcentage où l'unique page vue est celle sur laquelle arrive le visiteur. Un bon moyen de savoir si votre blog capte l'attention. Ceci renforce l'intérêt de choisir le blog sans homepage (page de garde qui dit « entrez ») pour aller tout de suite à l'essentiel de votre message : un titre, les liens d'achats et les liens sociaux.

Les référents : les sites référents sont ceux qui renvoient du trafic vers votre site. Le référent « naturel » est celui qui lie de lui-même vers votre contenu, et le « forcé » est celui que vous créez en ajoutant un lien vous-même avec Twitter ou les Diggs-like par exemple. Plus vous avez de référents, plus votre actualité intéresse du monde : de manière positive ou négative ? Les internautes restent-ils longtemps sur votre site ? Où habitent-ils ? C'est à vous de réussir à influencer le comportement de vos visiteurs, pas l'inverse, ne l'oubliez pas.

▶ Le datamining

C'est l'action d'extraire les habitudes de visites d'un utilisateur, le « data », pour déterminer son profil réel. Servez-vous des nouvelles générations de pub, de contenu personnalisé (on intègre aux visites de l'internaute du contenu de marques susceptibles de l'intéresser), le *targeting* comportemental (**voir le ciblage comportemental dans ce chapitre**) pour mieux atteindre vos potentiels acheteurs une fois que vous avez réalisé le travail de pénétration des réseaux sociaux. Plusieurs sociétés en ligne proposent ces services publicitaires intelligents (hi-media.com par exemple).

Créer un « bad buzz »

On entend par « buzz » une forte émulation autour d'une information. Lorsque votre vidéo, article, tweet ou photo se diffuse à la vitesse de la lumière sur la toile, qu'elle prend d'assaut Google, vous avez réussi votre coup, en théorie… Car cela peut aussi tuer votre belle réputation s'il s'agit d'une information négative ! Authentifier la source est plus rapide sur le net que dans la presse papier, ainsi Johnny Depp meurt et ressuscite en trente minutes sur Twitter, comment ? Il a du lui-même tweeter depuis son compte « vérifié » (les people et autres comptes avec beaucoup de *followers* scannent leur pièce d'identité à Twitter) qu'il était bien vivant. Aussi, quand le ministre de l'immigration M. Besson confie, dans une discussion à huis clos, à un journaliste de RMC « Sarkozy a raison : les médias il faut les passer à la kalachnikov » et que cette phrase se transforme en Tweet puis en information le soir même sur Canal plus, comment faire ? Ne jamais nier, la communauté n'est pas dupe. Il explique que c'est une expression populaire, qu'il parle comme tout le monde et qu'il est en guerre contre la langue de bois que pratique la politique.

▶ Provoquer et assumer

Assumer une critique, faire une annonce officielle et expliquer que l'on est avant tout un être humain permettent de triompher dans l'ère des réseaux sociaux. Le pouvoir sans failles ne fonctionne plus dans une époque de communication horizontale. Voilà pourquoi les erreurs sont assumées et Puma met de l'humour dans ses tweets pour engager la conversation : la marque impersonnelle devient une entité avec des goûts et opinions, car se contenter de vendre des produits ne fonctionnerait pas. Ce sont les provocations qui font la une, le produit seul ne fait plus parler de lui. Il doit être prisé et faire l'objet d'une anecdote pour être partagé par le peuple sur la toile. La qualité finit un jour par payer, mais le buzz marche immédiatement ! Donc scénarisez vos produits !

Exemple d'un bad buzz réussi : Domino's Pizza

L'image de la Pizza en livraison Domino's était négative : les tweets et publications de blogs de la planète l'associaient à de la nourriture plastique et sans saveur. Des employés se sont même filmés à mettre des bouts de fromage dans leurs narines, ce qui a terni encore plus leur réputation. Plutôt que d'étouffer l'affaire, le président Patrick Boyle a choisi d'en faire sa campagne marketing. Dans une vidéo de quatre minutes sur Youtube, des tweets ternissant l'image de la marque sont relayés par ces mots du PDG : « Nous avons compris qu'il fallait changer quelque chose ». La vidéo illustre ensuite le succès de la société, présente des cuisiniers et l'équipe marketing sur leur lieu de travail. Ils écoutent avec attention les critiques qu'ils prennent à cœur : « ça m'a choqué, ça m'a peiné. Ce qui nous motive c'est que l'on aime nos pizzas ! » confie le chef cuisinier. Et la société en profite pour promettre qu'elle a pris en compte ces messages, et qu'elle s'est remise au travail : elle annonce un nouveau fromage, une nouvelle sauce et, à la fin, elle meurt d'envie de nous les faire goûter. Ce message publicitaire est une réussite : il paraît authentique car il s'appuie sur des faits réels. Le bad buzz a finalement permis d'augmenter le chiffre d'affaire et Domino's est devenu le premier livreur de pizza au monde devant Pizza Hut ! Et si Domino's avait eux-même filmés ces deux employés peu consciencieux ?

Résumé

Avec plus de 133 millions de visiteurs uniques en janvier 2010, Facebook est devenu aux États-Unis le site le plus visité juste derrière Google et, pour la première fois, devant l'autre moteur de recherche le plus connu : Yahoo.com. Google, pris de panique, a même sorti Google Buzz, son propre réseau social, dans l'espoir de conserver sa suprématie.

Ce changement des habitudes de l'internaute qui va chercher l'information non plus dans un moteur mais dans un réseau est significatif du nouveau mode de consommation. On partage des médias entre amis et c'est ainsi que l'envie de consommer se diffuse. Une entreprise doit toujours suivre les mouvements du consommateur pour faire parler d'elle, et l'ère du marketing web à base d'achats de mots-clés et de bannières publicitaires laisse petit à petit place au marketing social.

Dans ce nouveau web, le but ultime est d'atteindre le buzz grâce aux sites communautaires : un média, un discours, une provocation peuvent suffire pour faire parler de votre entreprise. Mais la qualité du produit, une forte présence sur le web, le leadership de l'information et de l'expertise dans votre domaine d'activité sont les éléments qui valorisent réellement votre marque et l'installent dans l'esprit des consommateurs sur le long terme.

Chapitre 6

Enrichissez l'expérience de votre visiteur

Sommaire

- **E-Réputation**
- **Transformez le forum en wiki**
- **Servez-vous du chat**
- **Dopez votre Facebook**
- **Payer des leaders ?**
- **Utiliser efficacement Twitter**
- **Rich media et réalité augmentée**

« Une entreprise peut animer une communauté au sein d'un réseau social : chez Viadeo, nous avons une banque qui anime un hub, autrement dit un cercle, dédié aux jeunes entrepreneurs. L'entreprise doit comprendre qu'un réseau social n'est pas un simple fichier ou un annuaire. Les bénéfices qu'elle en tirera seront d'autant plus importants que l'usage qu'elle en fera sera proactif, dynamique et de qualité. D'ailleurs, d'une façon générale, l'usage qui en est fait par ses membres est la clé du succès d'un réseau social : les membres sont sa plus forte valeur ajoutée, notamment en termes d'apport de contenus et d'animations. », selon Nicolas Vieuxloup, Viadeo.

E-Réputation

Faites vivre votre marque, donnez-lui du caractère. Votre société est une personne, elle parle à la première personne et s'exprime sur l'actualité. Faites comme Starbuck qui garde son logo en photo de profil mais ajoute un « Je » à ses publications dans la page Facebook. Votre marque est une personne qui peut défendre des associations, aimer des produits de qualité, etc. Construisez votre personnage avant de commencer à socialiser (discuter dans les réseaux sociaux) car dans une conversation les messages publicitaires basiques dénotent et vous feront perdre des abonnés. Un magazine pourrait donner son opinion sur Twitter, faire des blagues et rebondir sur les produits « geek » (le hi-tech) qui sont très prisés sur le web. Donner ce rôle à un de vos employés, le community manager, est encore mieux : Mr X va devenir l'image de la marque. Le contenu doit être de qualité : choisissez la vidéo HD (haute définition), des photos retouchées, employez des webdesigners pour faire les plus belles bannières et blogs du web. L'œil de l'internaute est votre cible principale, il ne lira que si le design lui plaît ! Et la plupart des internautes reviendront sur votre page si il y a un vrai sens de la communauté : des réponses rapides et de vraies interrogations. Être ouvert, sympathique, amical donnera envie à votre contact de devenir « ami » puis « fan ». Inspirez-vous des pages qui fonctionnent : Coca-cola, Apple, Nike, etc.

▶ Participation et partenariats

On distingue « l'acquis » de la « participation » et des « partenariats » dans l'influence d'une opération de marketing social. L'acquis représente le nombre de bloggers, commentaires, tweets, fans et l'ensemble de la visibilité engendrée par la campagne. La « participation » désigne le processus d'engagement du consommateur dans la production, et les « partenariats » font de ces mêmes consommateurs des marketers. Voici quelques chiffres pour prendre conscience de l'enjeu d'une animation en ligne :

Selon une étude Pew Research (USA), 37 % des internautes contribuent à la création de l'information, à la commenter et à la propager à travers des médias sociaux comme Facebook et Twitter sous forme de :

– commentaire (25 %) ;
– lien sur un réseau social (17 %) ;
– tag (11 %) ;
– création de contenu (9 %) ;
– tweet (3 %).

Donc, plus vous discutez avec des utilisateurs, plus il y a de chances d'être lu, 72 % des consommateurs d'information s'informent car ils aiment discuter avec les autres de ce qui se passe dans le monde et 50 % des sondés indiquent compter dans une certaine mesure sur leur entourage pour leur rapporter ce qui est important dans l'actualité.

Par ailleurs, le rôle d'agrégateur et d'organisateur de l'information que peuvent jouer des sites comme Facebook est réel quand 65 % des sondés disent ne pas se fier à une source en ligne en particulier.

L'information au sein des sites communautaires est donc prise pour « vérité » dans la majorité des cas.

Transformez le forum en wiki

Un Wiki sert à créer un intranet ludique et construire avec la communauté. Créez votre propre réseau social avec cette plateforme collaborative de réflexion et de publication pour vous et vos employés. On parle de « wiki » (« vite » en Hawaïen) car cela s'inspire de Wikipedia : sur ce réseau, vous devez publier une présentation et un historique de votre société et mettre en liens tous vos réseaux et boutiques en ligne. Tout le monde peut modifier le contenu et publier sur cette même page ce qu'il souhaite. Avec cet outil, tous les sites internet peuvent se substituer aux réseaux sociaux : sur Google, Google Sites permet aux entreprises, associations et individus d'éditer des sites web, de mieux organiser et partager l'information. Le wiki peut accueillir des contenus provenant de Youtube, Picasa, etc., la gestion des équipes devient ainsi plus conviviale. Il s'agit de collaboration : l'internaute peut, entre autres, intervenir directement à l'élaboration de votre produit. Ainsi, vous l'engagez et vous serez sûr de ne pas faire fausse route.

Orange

Vous pouvez aussi inviter des contacts externes à votre société pour des tests et avis sur des nouveaux produits, mais aussi construire avec vos clients le produit idéal. Lancer une telle opération sur votre page Facebook ou Twitter séduira la communauté. Orange a créé « Orange App Shop Developer Community » pour développer ses applications mobile. Ce wiki permet à tous les utilisateurs (développeurs, entrepreneurs, marketers, consommateurs) de lancer une discussion mais aussi de répondre à des sujets lancés par Orange :
– quelle est la boutique idéale ?
– quelles sont les applications de demain ?
– quelles sont les applications mobile innovantes ?
– quels sont les événements prévus ?

Orange n'a pas oublié de mettre un lien vers son compte Twitter et de relier ce wiki à son site orange.com.

Ideastorm.com de Dell est également un wiki destiné à imaginer de meilleurs produits et à faire participer le consommateur. Les chances d'être en phase avec la cible sont ainsi décuplées.

Servez-vous du chat

Aux côtés de l'e-mail, du sms, etc., le chat intégré à votre stratégie de gestion multicanal des interactions clients peut s'avérer bénéfique et permettre d'augmenter le chiffre d'affaires. Donner le numéro d'une hot line ou d'une boutique pour avoir une précision sur un produit est dépassé : le consommateur qui est sur internet veut y rester. Se servir des réseaux sociaux et de leur chat est un excellent moyen de favoriser l'achat et de répondre immédiatement aux questions des consommateurs. Ajouter les contacts qui vous suivent sur Tumblr, Twitter, Facebook et autres leur prouvera d'une part que vous faites attention à eux ; et les inviter à une discussion en temps réel sur Ustream, Skype ou Twitter en posant vous-même des questions sur vos produits « avez-vous des questions techniques ? avez-vous compris les fonctions de ce produit ? », etc. Pour être certain de discuter avec du monde, créez au préalable un événement sur Facebook du type « Rendez-vous sur le chat de Facebook vendredi à 16h ! Nous répondrons à toutes vos interrogations ». Vous pouvez aussi mentionner sur le manuel du produit l'URL de votre Twitter « service technique » (créez un compte Twitter par service dans votre entreprise !) et de la page Facebook. Et dans tous vos réseaux sociaux, placez une icône Skype pour que les internautes puissent vous contacter visuellement.

Dopez votre Facebook

– Le bouton Recommander à vos amis placé dans votre page Facebook doit être connu. Plus vous avez d'amis qui cliquent sur ce bouton permettant d'inviter leurs contacts à devenir fan de votre activité, plus vous avez de chance d'augmenter votre base de prospects.

– Invitez tous vos fans et membres (pour les groupes Facebook) à cliquer sur Partager situé en bas de page, ainsi le lien de votre page apparaîtra sur leurs murs avec un extrait de votre biographie.

– Si votre cible est jeune, sachez que le net est en phase de dépasser la TV et la radio en termes d'audience, alors plutôt que de dépenser pour une publicité (beaucoup plus chère) sur ces médias, recrutez un ou des e-marketers bénévoles. Ils travailleront mieux et plus que des salariés car ils sont passionnés par vos produits.

– La proximité est ce qui fait vendre, le client et le fan aiment se sentir proche de la marque et de la star. Ceux qui s'en sortent le mieux sont ceux qui sont les plus réguliers (beaucoup de publications et d'échanges).

– Prenez régulièrement des photos et vidéos avec des fans, demandez à vos fans d'inviter des amis à rejoindre votre page en échange de promotion sur vos produits.

– Posez une question par jour et faites gagner des petits cadeaux aux bonnes réponses.

– Vous organisez des soirées ? Faites un pass spécial facebook pour les inscrits sur votre page. Offrez les mix musicaux du DJ de la soirée (hébergez-les par exemple sur soundcloud.com, un site d'hébergement audio gratuit)

– Créez une musique à l'effigie de votre marque et demandez à vos fans de la rechanter sur Youtube ou Facebook, faites-en un concours.

– Faites comme Starbuck qui communique des offres spéciales sur sa page Facebook (un café offert pour les couples le jour de la St Valentin par exemple).

– Organisez un événement facebook qui demande à tous les inscrits de poster un tweet pour promouvoir l' URL de votre page Facebook ; en précisant que ceux qui joueront le jeu recevront un cadeau.

– Une association américaine a eu l'idée de lancer une soirée « remise de prix » dans sa ville, sans budget mis à part pour la location de la salle : plutôt que de payer des intervenants, elle a lancé un concours sur Facebook par sections : chant, comédie, danse, etc. Chaque inscrit a invité ses amis à voter, bilan l'événement a fait parler de lui sans aucune dépense de flyers papier ! Et la salle était remplie puisque chaque artiste a invité ses fans en communiquant sur les réseaux sociaux.

Des milliers d'idées sont possibles avec la page Facebook, parcourez les applications disponibles pour cela : jeux, sondages... Pensez également à publier une annonce vidéo ou une photo de votre événement et à taguer tous vos amis dessus en cliquant sur Identifier cette photo/vidéo. Ainsi, votre publication apparaîtra sur le mur de vos contacts même s'ils empêchent la publication de leurs contacts sur leur profil (c'est le seul moyen de contourner cette limite).

Payer des leaders ?

Si vous avez le budget, contactez les personnalités qui sur Twitter sont plus lues que CNN pour leur proposer d'acheter leurs publications (tweets, updates). L'acteur américain Ashton Kushter a plus de 4 millions de followers, ce qui signifie que plus d'1 % de la population américaine est en contact direct avec ses écrits ! Contactez des organismes professionnels tels que Izea, Twittad et Ad.ly dont la vocation est d'analyser votre influence et de déterminer votre cible pour adapter le discours publicitaire à Twitter. Ils publieront à votre place des updates en relation avec le contexte de votre réseau. Le prix est à définir avec eux en fonction de vos besoins.

Utilisez efficacement Twitter

▶ Quel est votre but ?

Comme pour tous les réseaux sociaux il s'agit de définir un objectif concret. Posez-vous les bonnes questions :

– Suis-je ici pour doper les visites sur mon blog ?

– Est-ce que je veux m'imposer comme la référence dans mon milieu professionnel ?

– Est-ce que je souhaite montrer un côté plus personnel à mes lecteurs ?

Créez plusieurs comptes si vous avez des activités différentes. Vous êtes webdesigner et musicien ? Servez-vous de 2 comptes twitter : l'un pour dénicher régulièrement les meilleurs tutoriels (manuel d'utilisation en ligne en format écrit ou vidéo) du web et l'autre pour trouver des fans et parler de votre vie d'artiste.

▶ Originalité et création

Nous sommes des millions à utiliser ce site interactif alors ne faites pas comme tout le monde. Commencez par vous distinguer par votre avatar et votre design. Inspirez-vous des meilleurs et essayez de comprendre comment ils ont pu séduire des centaines de milliers de followers[1].

Ne parlez pas des mêmes sujets que tout le monde aborde, apportez toujours une valeur ajoutée à ce qui se dit. Évitez les sms inutiles, qui réagira au fait que vous allez faire vos courses ou que vous venez de vous lever ? Cherchez des informations rares, donnez des précisions sur vos goûts vos opinions, vous verrez votre communauté s'agrandir naturellement. Présentez-vous à l'aide de votre webcam : bubbletweet. com la publiera sur votre page Twitter !

---

1. Les personnes qui décident de vous suivre : http://twitterbackgroundsgallery.com/top-10/

❯ Attention chaque post compte…

Soyez professionnel car votre marque, produit ou image peut être salie par un post déplacé. L'e-marketing de votre société doit se décliner dans ce site qui pourrait paraître anodin et inutile mais quelle autre plateforme vous permettra de toucher vos clients à toute heure de la journée sur leur portable et leur écran d'ordinateur ? Votre marque, magazine, boutique devient une entité à part entière, un style de vie. *Vibe Magazine*, célèbre mensuel musical américain a ainsi choisi d'humaniser son image : Monsieur VibeMagazine donne ses avis et répond à ses lecteurs, une idée qui fidélise et amuse. Mesurez votre percée dans Twitter avec Twittercounter.com : un outil de statistiques très complet.

❯ Évitez le narcissisme

Qui voudra vous suivre si vous ne parlez que de vous, que vous ne faites que des annonces pour acheter votre produit sans vous soucier de la vie de votre communauté ? L'option Reply* vous permet de rebondir sur les dires de vos amis du net. Profitez-en, intéressez-vous et apportez des solutions et réponses à leurs questions. Soyez actif et régulier, et cherchez des contacts dans votre cœur de cible à l'aide de moteurs de recherche dédiés à Twitter. Vous êtes graphiste freelance ? Tappez les mots « webdesign jobs », « photoshop » et cherchez les éventuels employeurs ou passionnés des logiciels que vous utilisez. Abonnez-vous à Twilert pour recevoir quotidiennement les tweets en rapport avec vos intérêts. http://www.twilert.com.

❯ Astuces

– Tweetmeme.com est l'équivalent de Digg pour Twitter : les sujets les plus cités y sont publiés, si vous apparaissez c'est que vous avez réussi votre campagne.

– Choisissez un nom percutant en rapport avec votre marque, évitez de présenter votre vrai nom mais plutôt celui de votre site.

– Ajoutez les profils les plus suivis et répondez à leurs updates, si à leurs tours ils vous répondent, banco : jusqu'à 500 000 personnes (profils de Britney Spears, Facebook, Shaquille O'Neal par exemple) verront votre nom.

– Partager vos photos avec Twitpic.com, une bonne façon de tout se suite interagir avec votre groupe.

– Hootsuite, CoTweet permettent de programmer vos tweets à l'avance et de gérer plusieurs comptes. TwAitter met à jour tous vos statuts (facebook, ning, digg, blogger…) au même temps puisqu'il intègre Ping. fm (**voir annexe**).

– Twithawk est une arme marketing imparable : il repère sur Twitter les comptes qui mentionnent les mots de votre choix et les profils localisés à l'endroit que vous souhaitez impacter puis leur envoie une auto-reply (réponse automatique) depuis votre compte.

– TwitterFeed peut copier tout le filet RSS d'un site choisi, vous pouvez automatiquement publier tous les tweets du magazine 20 Minutes (@20minutes) sur votre propre compte par exemple.

▶ Tirez profit de Google Buzz

Même si ce réseau est privé : les publications ne sont visibles que par les membres de Gmail inscrits à Buzz (on compte tout de même 10 millions d'utilisateurs de Gmail), il est possible de développer son business sans même y passer du temps car Buzz vous demande si vous voulez raccorder votre compte Twitter. Ainsi, vos tweets sont publiés automatiquement sur Buzz. Donc les conseils pour Twitter sont valables ici aussi :

– Comme Twitter, la règle est de poster 140 caractères. Mais ici, la discussion est plus évidente : les abonnés répondent et l'historique de l'échange prend la forme d'un forum : de haut en bas les réponses se succèdent. Profitez donc de Buzz pour engager un vrai dialogue ! Et invitez personnellement vos abonnés à vous rejoindre sur le chat Google (Gtalk qui propose la vidéo). Pour des sondages, tests produits, annonces, Buzz est idéal.

– Créez des groupes par secteurs d'activité comme sur Facebook pour réunir des passionnés et acteur de votre profession.

– Ajoutez le maximum de contacts grâce au moteur de recherche : par lieu de résidence, mots-clés liés à votre activité. Buzz est intégré dans l'interface de la messagerie Gmail, un moyen incroyable d'être en contact permanent avec quelqu'un.

– Buzz est lié à un e-mail, donc une personne, pas une entreprise. Alors faites comme plusieurs entreprises qui désignent une figure emblématique (l'employé phare) pour communiquer et devenir le visage de la société.

▶ Quoi publier ?

Vos updates (mini-messages ou statuts) doivent servir à publier le contenu vivant :

– Des pensées, des breaking news (les dernières nouvelles), conseils, outils, ressources, liens vers votre domaine (toujours en http://www. pour qu'ils deviennent des liens actifs vers le site pointé).

– Un calendrier éditorial comme beaucoup le font sur les blogs : cela donne des indications de date à vos contacts, comme le 1er du mois est le jour des nouveaux numéros dans la presse papier. Cela fait revenir l'internaute vers vous.

– Demandez à vos fans ce qu'ils veulent sous forme de sondage ou de question directe.

– Si vous avez peu de fans sur Facebook, discutez sur Twitter, et invitez tous vos contacts (mailing list, contacts de votre blog) à rejoindre votre page Facebook. Cette page est le meilleur moyen de regrouper vos contacts et conquérir de nouveaux prospects (**voir chapitre 2**).

– Développez le forum de discussion de la page Facebook, servez-vous de l'outil sondage create poll, cela favorise l'engagement des fans.

– Créez régulièrement des événements : rencontres, anniversaire du produit, tests, soirées…

– Une marque de voitures peut par exemple poster des photos prises avec un smartphone du dernier salon automobile, ce qui va lancer une discussion entre passionnés.

Rich media et réalité augmentée

Le rich media est un format publicitaire utilisant tout type de format multimédia (son, vidéo, animation…).

Les stratégies de rich media sont devenues incontournables dans un environnement web marqué par un foisonnement d'informations et un besoin de personnalisation de l'expérience de l'internaute. Les formats possibles de valorisation de l'offre produits sont très nombreux

(3D, photos…) et le visiteur en est friand. Conquis, il partagera votre site avec ses contacts au sein des réseaux sociaux. Dans ce contexte, les acteurs de l'e-commerce doivent faire preuve d'ingéniosité pour se démarquer. Plus votre contenu est original, plus il a de chance d'être partagé. Il représente un coût, l'appel à des programmateurs et web-designers, mais le jeu en vaut la chandelle. Le rich media peut s'adapter à vos bannières publicitaires et à l'exposition de vos produits y compris dans les réseaux sociaux.

▶ Qu'est-ce que la réalité augmentée (RA) ?

En clair c'est se servir des éléments virtuels pour compléter le monde réel. Visualiser à l'aide d'un téléphone ou autre objet pouvant vous localiser, des informations renseignées par la communauté du web.

Techniquement, voici le procédé : une camera ou une webcam reconnaît un motif (un logo par exemple) sur un support physique, effectue un calibrage de la position et de l'angle de « l'écran » par rapport à la position et l'angle du motif, ce qui lui permet d'incruster à la volée des images 3D qui donc vont suivre les mouvements réels du motif et de son environnement. Donc, tout appareil disposant d'une camera : ordinateur, smartphone, et par extension lunettes, montres ou casques, sont potentiellement en mesure d'augmenter la réalité d'éléments virtuels. D'ailleurs, Brother vient d'annoncer les premières lunettes RA pour 2011. Ainsi, en novembre dernier, les céréales Chocapic contenaient un jeu en réalité augmentée sur le dos de leur boîte. Vous la positionnez devant votre webcam qui reconnaît le logo et sur l'écran de votre PC vous pouvez jouer à un jeu d'adresse, un concept qui a dû laisser sans voie vos enfants, si bien que l'on se demande ce qui pourra les étonner une fois adulte ! Dans l'ère des réseaux sociaux qui sont simplement des plateformes de mise en relation, pour divertir et intéresser l'internaute, consacrer un budget à cette technologie est une réelle plus-value.

▶ La continuité d'internet

Avec le développement d'internet, le monde physique se retrouve entièrement tagué d'informations : histoire, événements, photos, musiques, mesures etc. La RA, cousine de la RV (réalité virtuelle), permet d'augmenter le réel par des objets que reconnaissent par exemple un téléphone et les informations en rapport. On pourra donc très vite emmener internet et sa bibliothèque d'informations avec nous partout, de quoi se passer de guides ou livres à jamais. D'ailleurs des livres en RA existent : vous les lisez et des éléments en 3D s'y ajoutent. Cette révolution s'inscrit dans notre volonté à nous, humains déchus, d'être dans un monde qui nous surprenne pour plus d'émotions et de frissons. À terme, c'est un écran qui se mettra entre nous et le monde, et à nous de choisir entre informations et divertissement car on peut imaginer des jeux de plus en plus innovants mêlant réel et virtuel, fini le cache-cache ennuyeux ! C'est donc une ingénieuse et dangereuse porte ouverte vers l'infini qui s'ouvre devant nous. Des gens marcheront avec des lunettes qui leur projettent des infos.

▶ Un outil marketing efficace

Toutes les grandes entreprises s'y mettent comme BMW qui offre une révision guidée en RA et Adidas qui va permettre à ses visiteurs en magasin d'essayer sa prochaine ligne de chaussures et d'entrer ainsi dans un monde virtuel en 3D, les baskets servant de contrôleurs pour s'y balader. Toujours avec ces chaussures, Adidas offrira 3 jeux en RA de Skateboard, musique et Guerre des Étoiles. Hugo Boss à Londres a installé un écran en RA dans lequel les passants peuvent voir un défilé inédit et espérer gagner un vêtement s'ils vont au bout de l'expérience.

❱ Avec mon téléphone ?

Cette innovation prend très vite forme grâce au développement du smartphone qui est le principal objet relié à internet qui nous accompagne partout. Elle vient palier au manque de la technologie Flash dans l'iPhone. Les systèmes de GPS et de géotagging (l'association d'informations, et d'images à des lieux physiques) permettent déjà au téléphone de se repérer dans l'espace, et le Google Android, le HTC mais surtout l'iPhone disposent de plus en plus d'applications augmentées qui donne un aspect ludique à notre ordinateur de poche en intégrant ces capacités.

« Ou est ma voiture » sur l' Os Android permet, comme « Car Finder » sur iPhone, de retrouver sa voiture quand on ne sait plus où on l'a garée, sous réserve d'avoir sauvegardé sa position en amont bien sûr car la RA ne permet pas encore de transformer votre Smart en K2000. Wikitude qui a reçu l'oscar de la RA de l'année 2009 permet sur iPhone et Android de visualiser à travers son appareil photo des informations sur l'environnement autour de nous, à la clé visite urbaine et immersion historique.

L'application VersaillesLab s'en sert et permettra de visiter le château de Versailles : votre téléphone enregistre votre position et vibre pour vous cultiver.

On peut donc imaginer cette technologie pour tout, les entreprises ont là une véritable plus-value possible à faible coût. L'utilisateur sort le téléphone, pointe un endroit et obtient des informations : la recette d'un plat au restaurant (iFood assistant) le prix de l'immobilier et les photos des chambres d'un immeuble (meilleursagents.com).iPhone in iPhone est dans ce sens une application destinée à promouvoir l'iPhone en Israel qui permet de visualiser en 3D un iPhone virtuel, une bien meilleure façon de tester un produit que de regarder un catalogue.

Exemples :

– Chercher un appartement
Développées pour les smartphones, ces applications font apparaître des informations sur les biens immobiliers à travers la caméra d'un mobile. Si vous êtes dans l'immobilier, lancez-vous il n'y a que deux concurrents à ce jour.
http://fr.meilleursagents.com/layar/ et http://www.seloger.com/158481/rub.htm

– La cabine d'essayage virtuelle
L'agence de communication Zugara vient de présenter une application mixant réalité augmentée et capture de mouvements pour essayer des vêtements sans se déplacer : ils proposent aux clients de boutiques en ligne d'essayer virtuellement les vêtements *via* leur webcam.
http://www.zugara.com/

– Le magazine *Esquire*
Ce magazine papier américain augmente son contenu papier d'interventions live de Robert Downey Jr, une très bonne idée qu'un magazine ou webzine peut appliquer.
Rendez-vous sur http://www.esquire.com/the-side/augmented-reality pour télécharger gratuitement le logiciel une fois le magazine acheté

– Le jeu Ford Fiesta
Le site internet de Ford offre un jeu vidéo de conduite de la Fiesta. Consacrer un budget à la réalisation d'un jeu vidéo et d'une application jeu vidéo iPhone peut être un succès, pensez-y.
http://www.fordclassic.ca/fiesta/

– La carte de visite Visualcardme
Vous créez votre carte de visite en réalité augmentée online. Vous aurez un url de votre carte à donner à vos contacts qui cliquent sur les icônes Skype, Twitter ou Mail pour vous contacter, ingénieux ! Ceci doit être fait par tous pour doper son activité et montrer que l'on est au fait des nouvelles technologies.
http://visualcard.me/

– Vous voulez créer votre propre réalité augmentée ?

On imagine que c'est trop compliqué à réaliser, pourtant non.

C'est tout à fait possible, il vous suffit de posséder un ordinateur pour télécharger un de ces trois programmes et une webcam pour tester le résultat, suivez les étapes (en anglais) et comptez quelques heures :

- http://www.artag.net/
- http://www.seac02.it/
- http://linceovr.seac02.it/ (l'édition étudiante est gratuite)

Le processus se déroule en deux étapes :

1) Installez une webcam avec le port USB de votre ordinateur et le CD d'installation

2) Téléchargez les images proposées par ces sites qui sont des icônes reconnaissables par le programme de RA *via* la caméra de la webcam, puis téléchargez les programmes de RA : 2D, 3D, Artag etc.

Résumé

Dynamiser une marque sur internet est indispensable car le public attend d'elle du divertissement. Il est difficile d'abandonner un discours publicitaire générique pour une tactique de personnalisation de la marque, mais c'est le rôle du community manager, le nouveau poste-clé de votre équipe marketing.

Être dans le tutoiement, la réponse directe et efficace, la langue anglaise et jeune pour discuter avec la plupart des internautes, mais aussi proposer un contenu novateur comme la réalité augmentée sont les seuls moyens de s'imposer dans l'univers du web social.

Les gens qui sont derrière leurs ordinateurs ou téléphones rejettent la publicité. Ils souhaitent en revanche vivre une expérience unique, faire partie de la famille d'une marque, et intégrer le processus de production de leurs produits préférés.

Conclusion

▶ L'ère de l'interactivité

« C'est l'investissement financier, humain et intellectuel dans du contenu authentique qui définit les expériences et permet un jour de gagner la place que votre marque mérite. », selon Tom Foremski, journaliste à la Silicon Valley.

L'ère des réseaux sociaux c'est l'ère de l'interactivité :

– On y retrouve toutes nos données informatives, nos contenus partagés et nos relations à toute heure, depuis un téléphone, une télévision et tout appareil accueillant internet.

– Ils permettent d'établir des liens de proximité en se basant sur des valeurs, des centres d'intérêts partagés, en prévision d'activités futures, de souvenirs, etc.

– Ils rendent possible la réalisation de projets collectifs réels en nous permettant d'échanger et de nous organiser entre nous.

Par exemple, avant de vous rendre dans un lieu quelconque, vous êtes en mesure d'entrer en contact avec le groupe d'habitués, de lire des avis et conseils (par exemple sur la carte d'un restaurant). Cette transparence change le commerce de façon positive pour le consommateur, l'union du peuple est telle qu'elle n'accepte plus les beaux discours mensongers et que seule la qualité remporte du succès.

Aussi, cette nouvelle dimension de la collectivité affecte tous les domaines et pousse l'entrepreneur à repenser ses actions : le marketing, la RH, la communication, le média, tout doit s'adapter et utiliser les réseaux sociaux pour fonctionner. Car on ne pourrait ignorer le milliard d'utilisateurs dont le pouvoir d'achat permet l'achat d'un ordinateur et/ou un smartphone.

Suivre les tendances, se rendre là où les internautes vont, leur faciliter leur vie sur le web, être à leur écoute, valoriser la qualité de vos produits, avoir une longueur d'avance sur leur façon d'envisager le web sont les seules clés du succès dans le nouveau web social.

PGATour

Le PGATour aux États-Unis (league du Golf) enrôle une trentaine de personnes pour leur présence web. Leur rôle est d'augmenter le nombre de fans du PGA sur Twitter, d'entretenir la page Facebook et la chaîne Youtube. Tout cela leur permet de capter l'attention de millions de personnes, de poster des news, d'appeler à l'action, de poser des questions et de mettre en relation des golfeurs amateurs, des fans et professionnels entre eux. Cela permet à l'entreprise de tout de suite savoir s'ils prennent la bonne direction à chaque geste et de mieux vendre leurs billets. Pour améliorer leur conversation sur le web, PGATour a embauché un coordinateur de réseaux sociaux qui contrôle toutes les plateformes tous les jours de la semaine car les samedis et dimanches, jours de repos d'un internaute dans le monde entier, sont forcément ceux qui rassemblent le plus dans les nouveaux cafés de notre univers : les réseaux sociaux... Le but est de diriger les gens vers leur site internet officiel, qu'ils téléchargent l'application iPhone gratuite pour être en relation constante avec eux, leurs widgets et podcasts pour les divertir. Ils souhaitent désormais développer des Tweetups (rencontre réelle d'utilisateurs Twitter), des chats vidéo et enrichir l'expérience de l'internaute sur leur site pgatour.com. Et comme ils le disent si bien : « Nous n'en sommes qu'au début ».

▶ Le web du futur

« L'humanité a produit au cours des trente dernières années plus d'informations qu'en deux mille ans d'histoire, et ce volume d'informations double tous les ans », selon P. Aron et C. Petit.

Trouver tout comme une aiguille dans une motte de foin, voilà ce que nous permet notamment Google avec cet internet en plein développement. À ce jour, organiser les informations et les rendre mondialement accessibles est rendu possible grâce aux moteurs de recherche. Mais l'arrivée des réseaux sociaux, expression ultime du web 2.0, a changé la donne. La discussion et l'article du blogger sont venus brouiller les pistes d'une recherche. Le nouveau web c'est désormais le lieu de la conversation entre les internautes si bien qu'elle est en train de prendre le pas sur le « contenu », les informations à proprement dite. Il manque cependant aujourd'hui des outils de tri de l'information : bonne/mauvaise, positive/négative, publicité/information, etc.

❯ 3.0 ?

« C'est la création de contenu et de services de haute qualité par des utilisateurs à l'aide de la technologie du web 2.0 », d'après Jason Calacanis, un des bloggers les plus plus célébres de la planète.

Le web 1.0 était l'ère de l'internet sans business, une bibliothèque simplement consultable en ligne. Le 2.0 repose sur les notions de contribution, communication, blogs, réseaux sociaux, chacun participe et enrichit le web. Le 3.0, nous y sommes déjà, ce sont des fonctions qui font d'internet un média accessible en temps réel.

Exemples du web 3.0 :

– Les programmes de connexion « sociale » illustrés par l'Open Id, Facebook Connect ou Anywhere (l'équivalent de Facebook Connect par Twitter) : des outils qui peuvent relier tous les sites internet aux réseaux sociaux : ce que publie un visiteur sur un site internet (commentaire, appréciation) est relayé dans sa sphère privée (son mur Facebook ou Twitter par exemple).

– Le GPS qui localise les internautes sous forme d'applications téléphoniques...

– La 3G qui permet d'accéder à internet depuis presque partout.

– Le téléchargement de photos et vidéos depuis un téléphone sur internet.

– Le chat vidéo qui fait tomber les barrières de temps et de lieu.

– Les applications qui transforment le monde réel en virtuel à l'aide de la caméra (avec l'iPhone et la réalité augmentée par exemple).

– La recherche Google qui s'adapte au lieu où l'internaute se trouve.

– Les programmes de monitoring de réseaux sociaux (**voir chapitre 5**).

❯ Des moteurs de recherche plus intelligents

Ce web-là se développe tous les jours, le but étant de faciliter la recherche sur internet et de relier des milliards de données. Par exemple, si vous voulez partir en vacances avec vos deux enfants au soleil à une date donnée, Google ou un autre site devrait, dans un avenir très proche, depuis sa page d'accueil nous proposer des solutions directes reliant toutes les informations du web : lieux, gamme de prix, météo, actualité du domaine, avis Twitter, photos Flickr, vidéo Youtube, etc. L'intelligence des moteurs de recherche restera toujours artificielle, mais, cependant, séparer les informations publiques, celles issues de la discussion (un commentaire sur un blog, un tweet…), des informations officielles (un article du *Monde* ou une vidéo de CNN par exemple) sera une bonne avancée. Aussi, de nouveaux outils de contrôle des réseaux sociaux sont en plein développement. Le but est de se connecter à tous en un seul clic, récupérer et trier l'information de chacun.

› Une navigation plus facile

On peut imaginer un questionnaire « privé » à remplir une seule fois sur un site ou un moteur de recherche pour que l'internaute reçoive du contenu personnalisé en temps réel. Et même sans questionnaire, l'historique du navigateur et des visites sur le web couplé aux préférences publiées au sein des réseaux sociaux sont déjà une mine d'informations pour les publicitaires. Aussi, le chat vidéo et la géolocalisation seront l'étape ultime mettant définitivement le monde entier en contact permanent.

› Plus de contrôle

Dans ce nouveau web, les traces de nos actions devraient être effacées si un internaute le souhaite. Supprimer complètement un blog Tumblr, un compte Facebook ou un commentaire laissé sur la toile doit être rendu possible, il est même inconcevable que ce ne soit pas vraiment le cas. Le manque cruel d'une police sur internet montre les limites des réseaux sociaux : des informations nous identifient tous malgré nous. Dans la vie réelle, lorsque nous allons au cinéma et commentons un film ou que nous allons régulièrement dans un même café, nous pouvons le faire sans que la planète entière le sache. C'est juste ce droit au respect de la vie privée que les internautes réclament. Dans cette quête du respect de la vie privée, les entreprises et publicitaires n'ont pas à avoir peur, la majorité des membres de réseaux sociaux souhaitent afficher publiquement une grande partie de leurs publications : l'adoration d'une marque ou l'avis sur une information. Le cas échéant, ils ne s'inscriraient pas sur ces sites !

› La personnalisation du contenu

Le web n'est autre que l'expression de notre société sur internet, la personnalisation des contenus virtuels joue donc un rôle important : 40 % des internautes estiment important pour eux qu'un site d'information leur permette de personnaliser leur page, 36 % veulent aussi pouvoir manipuler les contenus selon Pew Research Center. Les interfaces pré-conçues de Facebook ou Twitter risquent là de connaître leurs limites. Le besoin de décorer soi-même sa vie sur internet est une vraie motivation pour chaque internaute. C'est pourquoi des blogs sociaux à la Tumblr ou Drupal dont l'interface est maléable pourraient demain dépasser les deux géants actuels.

› Les mobiles

L'avenir d'internet est la mobilité : des téléphones et autres appareils portables vont apparaître. Il faut donc très vite préparer chacune de vos interfaces à cette évolution : opter pour des blogs et sites qui sont facilement accessibles depuis des petits écrans. La plateforme de blog wordpress propose ainsi une version mobile gratuitement. Pour les réseaux sociaux, il n'y a rien à faire, ils sont déjà prêts, à l'image de Facebook ou Twitter. Par conséquent, il faudra aller de plus en plus à l'essentiel : importer vos liens d'achats directs dans les sites communautaires jusqu'à ne plus avoir du tout de site « officiel » séparé de toute discussion. Le lien « site internet » qui existe dans tous les réseaux sociaux devra être remplacé par le lien de votre boutique en ligne. Des solutions pour payer facilement par mobile vont exister comme c'est déjà le cas avec le iTunes Store sur iPhone. En attendant, un seul conseil : simplifiez la navigation, car un site qui met du temps à se charger fait perdre des ventes.

▶ **Et ensuite**... ?

Il y a quelque chose de fou dans ce phénomène des réseaux sociaux, dans ces Facebook, Twitter et prochains sites qui nous obsèdent. Nous vivons en ce moment la pire crise économique mondiale : des millions de chômeurs et jamais auparavant il n'y avait eu autant de pauvreté sur Terre ; des massacres religieux, politiques, écologiques continuent, et nous sommes là, par milliards, à nous demander quoi inventer pour mieux discuter ensemble... Ceci révèle une réelle volonté de communication humaine mais maintenant que nous pouvons tous interagir publiquement, qu'allons-nous faire avec ? Ces réseaux sociaux peuvent changer nos vies. Ils peuvent aider à retrouver des personnes portées disparues, à réaliser des collectes, à aider les malades, et, surtout, à réécrire le présent. À l'approche de cette place publique, chacun d'entre nous peut être, pour une fois dans l'histoire du monde, entendu librement. C'est un pouvoir, ne l'oublions pas, et ne le négligeons pas. D'ailleurs, une entreprise qui s'engage socialement gagnera forcément des parts de marché.

❯ La Class action

Les modes de gouvernance vont forcément laisser plus de place à la « class action », l'action organisée en groupe. Comme le souligne Tom Foremski, journaliste spécialiste de la Silicon Valley, « nous avons une influence plus importante que les autorités qui nous ont muselés durant des siècles. Cette influence se décline de la façon dont nous participons, programmons et gérons notre présence et nos relations sur le web. L'affinité est la notion clé : nous nous mettons en relation avec des mouvements en lesquels nous croyons. » Et la révolution a toujours commencé par le rassemblement. Un produit, une entreprise, un homme peuvent donc définitivement changer, à leur façon, le monde.

Annexe
Logiciels, programmes
et applications
nécessaires

Un ordinateur, PC ou Mac, et une connexion internet suffisent pour vous inscrire et gérer votre présence sur les réseaux sociaux.

Des programmes permettent de guider tous les réseaux sociaux au même temps, ils font gagner du temps, de la productivité et de la présence (dans ce cas, allez directement dans Comment piloter tous les réseaux au même temps). En revanche, pour vous concentrer sur un site en particulier, téléchargez les logiciels spécifiques qui vont suivre.

Dans les téléphones, l'iPhone est à ce jour le plus « social » au vu de ses nombreuses applications disponibles sur l'iTunes Store et de la forte communauté de développeurs. Aussi, l'iPad et d'autres ordinateurs du futur proposeront de nouvelles applications pour nous faciliter la vie en communauté sur le web. Pour PC, l'ensemble de ces logiciels ou équivalent existent. Tous ces programmes continuent d'évoluer alors n'oubliez pas de télécharger les dernières mises à jour et de vous tenir au courant des nouvelles solutions. Les réseaux présentés dans le **chapitre 1** qui ne figurent pas ici ne proposent pas d'applications ou de programmes, il faudra se rendre directement dans leur site internet pour les contrôler.

Quels logiciels pour chaque réseau ?

▶ FACEBOOK

But : transformer des membres en fans

› Fmenu 3.0

http://www.facebook.com (applications)

Comme Facebook Notifications, cette application téléchargeable sur Facebook *via* le menu Parcourir les applications installe une icône Facebook dans votre barre menu. Les updates de vos amis arrivent en pop-up*, vous pouvez savoir qui est connecté sur le chat sans vous mettre online et la Fmenu quicklaunch est une mini-barre de recherche Facebook. Idéal pour surveiller de près son compte Facebook tout en travaillant.

▶ TWITTER

But : publier l'information

› Twenu 1.2.1 pour le tweet pur et simple

http://twenu.optimalconnection.net/

Si vous cherchez la façon la plus simple possible de mettre à jour votre statut Twitter sans vous soucier de l'activité de vos amis et sans pouvoir réellement interagir avec eux, l'application Twenu est la mieux adaptée. Vous aurez le fameux oiseau de Twitter sur votre barre menu et cliquez dessus pour tweeter.

› Tweetie 1.2.4 pour la gestion simple de plusieurs comptes

http://www.atebits.com

Tout d'abord, glissez le lien Post with tweetie (que vous trouverez dans More sur le site d'Atebits) dans la barre des favoris de votre navigateur, cela va vous permettre de tweeter des liens du web, une constante sur Twitter. Cette application va non seulement se poser sur votre barre de menu mais également lancer une application de la taille d'un MSN Messenger. Twitter Thingy est un équivalent mais sans la fonction Recherche, un élément important pour vous tenir au courant de l'information ou de prospecter de nouveaux contacts. Vous cliquez ici sur la loupe pour lancer votre recherche par mots-clés. Vous pouvez gérer autant de comptes Twitter que vous voulez (comme Dell par exemple qui a un compte sav, breaking news, etc.), pour les ajouter faites Preferences > Accounts Il est même possible de faire des tweets vidéo avec votre webcam en cliquant sur File > New Video Tweet > Accounts > +. Beak est une application du même acabit mais sans la vidéo ni la gestion multicompte.

› Tweetboard et Wibya pour installer une barre de navigation à votre site et blog

http://tweetboard.com et http://wibya.com

Ces deux sites offrent une installation automatique d'une barre de navigation à votre site internet (ou blog Tumblr, Wordpress) pour intégrer votre compte Twitter sans quitter votre site. Cela est très utile et permet de garder les visiteurs sur votre page et vos produits. Ils peuvent se connecter à Twitter de cette façon et ainsi interagir avec vous. Wibya a l'avantage d'intégrer votre page Facebook et vos photos Flickr, mais aussi la traduction de votre site en plusieurs langues. Ces outils incontournables du web social sont, de plus, offerts gracieusement.

› Twiterrific pour des tweets en pop-up

http://iconfactory.com/

Twiterrific est une application indépendante qui propose l'arrivée de tweets de vos contacts ou de la timeline (les tweets de tout le monde : Public timeline dans le menu Tweets) en pop-up. Cliquez sur l'icône outil puis « System > Show an icon for Twitterrific in the Dock » (pour voir l'icône de lancement Twitter sur votre bureau). Cochez également After posting a tweet, use it to update your status in, pour updater au même temps Twitter et iChat, Adium ou Skype car vous avez sûrement des contacts professionnels dans ces clients de messagerie instantanée.

▶ MYSPACE

But : présenter votre activité artistique

› Spyder 2.0 le tableau de bord des artistes

http://www.spyderx.com/

Ce programme spécial Mac est étonnant. La version complète payante propose de grossir vos chiffres de lectures, idéale pour les artistes et les labels dans le web, car avoir deux écoutes d'une musique est signe de mauvaise santé artistique. Vous pouvez programmer à l'avance des bulletins et envoyer des messages à plusieurs contacts au même temps si vous détenez cette version payante. L'ajout de nouveaux contacts, les Friends requests* se fait en masse et si système vous demandant de recopier un chiffre ou un mot pour éviter le spam (le Captcha) bloque, vous en serez informé pour faire un ajout manuel. Sinon vous pouvez payer un forfait pour lever ce blocage. Les demandes d'ajout d'ami sont ici agrémentées des infos du profil du contact concerné, un plus par rapport à l'interface MySpace qui vous oblige à visiter d'abord le profil du contact. Le fait de pouvoir faire des recherches de contacts par filtres, de les organiser en catégories (clic droit sur un contact et Add to folder) est également un excellent outil. Rassurez-vous, avec Tweetdeck et Ping. fm (voir plus loin dans cette annexe), vous pouvez contrôler MySpace sans payer et avec efficacité.

▶ LASTFM

But : trouver des consommateurs à travers leurs goûts musicaux

❯ Lastfm scrobbler

http://www.lastfm.com

Vous lancez une chanson sur iTunes et LastFm le sait *via* ce programme. Il va vous donner une bio lorsqu'elle est renseignée (pratiquement toujours), un lien pour acheter l'album et le nombre de gens qui ont écouté ce chanteur sur LastFm. Vous cliquez sur le nom de l'artiste et vous atterrissez sur sa page LastFm comprenant vidéos, artistes similaires, fans et groupes. iTunes se met difficilement aux réseaux sociaux, un conseil restez sur LastFm ! Connecté à votre profil sur le site lastfm.com, vous aurez un compte rendu de vos goûts, vos écoutes, tout l'historique de votre musique et vous pourrez trouver des internautes qui aiment les mêmes artistes que vous, des voisins. En cliquant sur Partager vous pouvez faire connaître un de vos titres à un de vos contacts LastFm. Vous pourrez écouter des titres entiers de vos amis et 'voisins' qui ont créé leur radio depuis l'application (mais au-delà de 30 il faudra payer l'abonnement de 3 euros par mois, ce qui est tout de même moins cher que Deezer par exemple), donc aucun risque de fausse route musicale, vous resterez dans votre genre. Un bon moyen de localiser les fans du style musical que vous ciblez.

▶ FLICKR

But : regrouper votre cible à l'aide de leurs publications photo

❯ FlickrUploadr

http://www.flickr.com

C'est l'application par défaut fournie par Flickr. Elle permet d'uploader* des photos sur Flickr, de les intégrer à des albums déjà prêts ou d'en créer des nouveaux. On peut taguer et renommer les photos, définir si elles seront visibles par tous (public) ou uniquement par vous (et vos contacts Flickr aussi). Il est également possible de mettre dans l'ordre vos photos. C'est donc le meilleur outil pour charger des images sur Flickr (évènements divers, portfolio) si vous n'avez pas de retouches à apporter, car si vous passez par iPhoto, Aperture ou Lightroom, chacun de ces logiciels de retouche ont un plug-in Flickr pour *uploader* sans quitter leurs interfaces respectives, alors pensez-y car le but est toujours de publier du contenu de qualité.

▶ TUMBLR

But : blogger en accord avec vos réseaux sociaux

❯ Share on Tumblr

http://tumblr.com (dans Goodies)

Pour poster quelque chose dans Tumblr, qui est un blog relié à une forte communauté adepte du repost (publier un post d'un autre internaute) comme Twitter, il faut pouvoir publier autre chose que de simples updates courtes. Des images, de la vidéo, de la musique, des captures d'écran, voilà ce que l'on est censé attendre du blog Tumblr. Dans ce sens, pour être en mesure de publier tout cela, il vous faut ouvrir votre navigateur et trouver un outil capable de poster en un clic ce que vous venez de trouver sur le web. C'est le rôle du bouton Share on Tumblr (publier sur Tumblr) que vous placez sur votre barre de favoris. Une fois sur la page que vous voulez publier, par exemple Youtube, pas besoin de recopier le *embed code*, vous cliquez sur le bouton et une mini-fenêtre se lance vous proposant d'ajouter du texte à la vidéo et en trois secondes il apparaît sur votre Tumblr avec la vidéo en question. Et si vous êtes membre de Facebook, installez l'application Tumblr sur Facebook (et pas Tumblelog qui ne reposte que le texte, jamais les images ni la vidéo) pour que vos posts soient publiés automatiquement sur le « livre des visages » **(voir chapitre 2 comment apprendre à installer une application sur Facebook)**.

▶ DIGG

But : partager votre information avec des bloggers

❯ Diggupdate 2.6

www.dbachrach.com/opensoft

L'icône du site numéro un de la communauté des bloggers spécialisée dans l'information toute catégorie se place dans votre barre Menu et vous alerte en pop-up des dernières informations. Cliquez sur l'icône puis Preferences > Display (Préférences>Affichage) et choisissez le domaine qui vous intéresse : *technology, sports, entertainment* (divertissement)… Il n'est possible de choisir qu'une seule catégorie que vous repérez par le « - » avant son nom. Renseignez votre nom d'utilisateur Digg (dans la partie Digg username) et Digg vous interpelle avec une fenêtre pop-up lorsque l'on a fait un commentaire sur l'un de vos posts ou que l'un de vos contacts a posté quelque chose. Pour publier sur Digg, il faudra cependant aller directement sur l'interface de digg.com ou installer Sharehaolic, un plug-in pour Firefox ou Google Chrome et Digg this Bookmark sur la barre de favoris si vous utilisez

Safari ou un autre navigateur. La même chose existe sur StumbleUpon, téléchargez-la depuis Stumbleupon.com. Et surtout n'oubliez jamais de mettre à jour ces sites dès que vous publiez quelque chose.

▶ DELICIOUS

But : repérer les news à publier dans vos réseaux sociaux

❯ Delibar

http://www.delibarapp.com/

Vous pouvez utiliser Delicious comme Marque-Page et ainsi accéder depuis n'importe quel ordinateur à vos favoris et contacts. En version gratuite, il est possible de faire une recherche par mots-clés de liens publiés par l'ensemble de la communauté Delicious, ce qui est déjà intéressant pour trouver des articles et news spécifiques, les publier, et les tagger en cliquant sur l'icône « + ». Mais pour les partager au même temps sur Facebook, Twitter ou votre blog, il vous faudra l'interface complète payante. Dans ce cas, Delibar installe directement sur votre navigateur un bouton pour publier vos liens favoris (ceux que vous enregistrez dans votre navigateur avec Ajouter aux favoris), ce qui est plus simple que de devoir copier-coller les URL. Vous pouvez aussi très facilement éditer et effacer les liens que vous publiez par mégarde.

▶ LINKEDIN

But : rechercher sur le site des professionnels

❯ Linkedin Search Widget

http://www.apple.com

Pas de chat sur ce réseau social professionnel. Une fois votre CV publié online, la seule raison d'y faire un tour est de chercher quelque chose : un groupe en rapport avec votre job, un nouvel emploi et des personnes pouvant répondre à votre annonce de travail si vous êtes employeur. Ce widget en a fait sa vocation : vous cherchez une personne : Search people, un job : Search job, un groupe : Search group. Ce widget (voir lexique) prend en plus très peu de place, c'est simplement une mini-barre de recherche.

▶ SECOND LIFE

But : monétiser online

› Second Life Notifier 2.0

http://nemesys2.dyndns.org

Il n'existe qu'un programme pour se retrouver dans ce jeu en 3D que vous trouverez sur secondlife.com et que vous pouvez donc lancer indépendamment de votre navigateur, il s'appelle Viewer 2.0*. Ensuite, le meilleur complément (payant après un mois d'essai) qui permet de : savoir si vos amis sont connectés, où ils se rendent dans le jeu et ainsi les rejoindre en deux clics (enfin s'ils vous donnent l'autorisation de les repérer !) est Second Life Notifier. Dans Préférences, laissez par défaut Faire rebondir le dock (Notifications growl) mais décochez Alertes si vous ne voulez pas recevoir de son en plus pour prévenir qu'un contact est entré dans ce monde virtuel truché de musiques, produits à acheter (maisons et vêtements virtuels, etc.) et de Linden Dollars, la monnaie en vigueur.

▶ USTREAM

But : la visio-conférence

http://ustream.com

La console de visionnage de Ustream se lance *via* le site ustream. com en cliquant sur Broadcast now (diffuser maintenant) en haut à droite de la page. Avant de vous lancer dans la publication d'un tutoriel ou d'une annonce concernant votre activité à tous vos contacts, voici les choses à faire : allez dans Profile et renseignez vos mots de passe des autres réseaux sociaux pour que Ustream envoie un message global annonçant votre présence online. Le but de ce site est de proposer du streaming vidéo en live à l'ensemble de votre communauté (Twitter, Facebook, MySpace, Youtube ici). Vous pouvez choisir d'enregistrer votre vidéo et de la publier ensuite (Start record), ou bien de poster une vidéo de Youtube (dans Text & Videos) ce qui est plus pertinent puisque cela va vous donner la possibilité de soigner en amont votre annonce visuelle (avec QuickTime ou Final Cut Pro par exemple).

Comment piloter tous les réseaux en même temps

Le but dans un réseau social est d'être le plus rapide sur l'information car une *update (voir lexique)* disparaît en un clin d'œil, noyée par des milliers d'autres. N'oubliez pas d'activer dans chaque réseau les notifications par e-mail afin de recevoir sur votre messagerie (Hotmail, Gmail… celle avec laquelle vous vous êtes inscrit au réseau) tous les messages, commentaires, réponses de vos contacts. Ceci se trouve généralement dans Confidentialité ou Settings (dans Notifications sur Facebook, malheureusement, pour la page Facebook, il n'existe pas encore d'alerte des notifications, vous devez directement vous rendre sur la page).

Faites en sorte de vous inscrire dans chaque réseau avec le même e-mail pour regrouper sur une même messagerie toutes les notifications de chaque réseau. Vous n'aurez ainsi plus à vous rendre sur chaque boîte de messagerie pour savoir si on a réagi à vos propos : Mail, Thunderbird ou autre client de messagerie s'en chargeront pour vous.

❱ Ping.fm

Ping.fm est le site principal qui permet de mettre à jour vos updates sur tous les réseaux sociaux en une seule fois (sauf certains dont Digg et StumbleUpon que vous devrez mettre à jour manuellement), c'est donc un outil indispensable. Inscrivez-vous donc d'abord sur le site Ping.fm (puis pour l'iPhone, tapez i.ping.fm dans le navigateur Safari de votre iPhone, cliquez sur l'icône « + » et Ajouter à l'écran d'accueil pour transformer l'URL en application). Avec Ping.fm, vous gagnerez un temps considérable car il met à jour tous vos statuts au même temps sur une cinquantaine de réseaux sociaux. Vous serez ainsi pro-actif sur des sites communautaires que vous avez délaissés pour les géants sociaux Twitter et Facebook. Il est possible de choisir quel(s) site(s) actualiser quand on veut garder une info privée pour Facebook uniquement par exemple en cliquant sur Defaut. Cet outil est indispensable sur l'iPhone pour piloter les réseaux à distance lorsque vous êtes loin de votre ordinateur, et sur un ordinateur pour faire vos annonces et contrôler votre activité (**voir chapitre 6, Les capacités de reporting**).

▶ Tweetdeck pour Twitter, Facebook, Linkedin et MySpace

http://www.tweetdeck.com/

Voici le programme professionnel par excellence pour Twitter, Facebook, Linkedin et MySpace. Toutes les équipes marketing et communication devrait l'utiliser. Par défaut, cette surface de contrôle occupe tout votre écran. Vous pouvez vous servir de Tweetdeck pour mettre à jour votre statut et poster ce que vous voulez sur les quatre réseaux sociaux les plus populaires sans devoir vous rendre dans leurs interfaces respectives. Pour Twitter, Il existe les *lists* : des listes réunissant tous les tweeters autour de catégories : *webdesign, technology,* etc.. Ces groupes sont très utiles car ils segmentent Twitter, vous les trouvez sur tweetdeck.com dans le Directory. Vous pouvez d'ailleurs créer votre propre liste et devenir un « leader social », c'est-à-dire une source d'information. Créer un groupe réunissant les comptes du *Monde, Figaro, Équipe*, et autres magazines peut être une idée imparable pour recevoir l'actualité avant tout le monde. Une liste du nom de Breaking news réunit d'ailleurs CNN, Usa Today et d'autres. Tweetdeck pour iPhone ne sera en revanche pas adapté pour les listes si vous en avez beaucoup car il met trop de temps à se charger avec plus de 5 colonnes, il n'est donc pas efficace pour l'iPhone. Pour MySpace, Linkedin et Facebook, tout est visible : commentaires, *timeline* (le mur des publications de tous les utilisateurs du réseau), vue des photos Flickr et des vidéos Youtube. Vous pouvez e-mailer et visiter les profils de vos contacts depuis Tweetdeck. Si une nouvelle version de ce programme intègre Ping.fm et la vue de la page Facebook, oubliez le reste !

▶ Socialite pour Flickr, Twitter, Facebook et Digg

http://www.realmacsoftware.com

Dans sa version démo vous ne pouvez plus lancer que deux comptes de réseaux sociaux différents sur une liste assez complète : Facebook, Twitter, Flickr, Digg. Vous serez donc sûrement tenté par l'expérience complète (payante) car son design est clair et les différentes fonctions requises par les réseaux sociaux sont présentes à droite des updates et photos. Dommage que les vidéos n'y soient pas visibles mais pour Flickr c'est un bon outil : on peut commenter, voir en plein écran une photo et trouver un contact facilement avec la barre de recherche située en bas à droite de l'interface. De plus, l'onglet Interistingness est un vrai plus : c'est une sélection de Flickr des photos les plus populaires, idéal pour rebondir sur les photos les plus visionnées que vous pouvez publier sur Twitter par exemple (avec Copy this link) pour intéresser vos *followers* (abonnés). Et avec *l'extension* Twitter installée dans votre Facebook (disponible dans les applications de Facebook, **voir dans cette annexe comment installer une application**), vous contournez ainsi la limite des deux comptes sur ce programme : Facebook publie automatiquement un post à chaque Tweet envoyé.

◗ Feedalizr pour Twitter et Friendfeed

http://www.feedalizr.com/

Cette application pourrait être la meilleure ; elle gère Twitter et Friendfeed, un équivalent de Delicious racheté par Facebook. Les alertes arrivent en pop-up (messages qui surgissent automatiquement) en bas à droite de votre écran de façon discrète, les Hot topics* (mots les plus commentés sur la toile) de Twitter et Friendfeed défilent en bas de la fenêtre et, gros point positif, Feedalizr a pensé à la Search, la recherche Twitter et Friendfeed : idéal pour ajouter des nouveaux contacts et se servir des réseaux sociaux comme moteur de recherche ! Seuls les Replies (réponses « @ ») et pas les DM (messages) figurent sur cette application. Autrement, poster des photos et URL est simple : on fait un glisser-déposer pour cela.

Quelles solutions pour les navigateurs ? (Chrome, Firefox...)

Une fois votre sélection de réseaux sociaux faite, gardez en mémoire que Facebook et Twitter sont les plus importants, donc il vous faut être présent en majorité sur ces deux-là. Il existe dans ce sens de multiples applications Facebook qui lient tous vos réseaux (téléchargeables dans Applications), installez-les directement *via* Facebook et ainsi dès que vous *mettez à jour vos publications sur* un de vos réseaux, Facebook le publie automatiquement y compris sur votre page professionnelle Facebook. **(voir la partie sur ce sujet dans cette annexe)**

❱ Les plugs-in

Un plug-in est un logiciel qui vient compléter un logiciel hôte pour apporter de nouvelles fonctionnalités. Un navigateur n'a naturellement pas d'intégration de vos comptes dans les réseaux sociaux. Le rôle des plug-ins est justement de combler ce manque pour ne plus devoir se rendre dans chaque interface des réseaux sociaux pour les consulter. Vous pourrez visiter leur actualité tout en continuant de naviguer sur internet.

Optez de préférence pour un navigateur capable de supporter les extensions de Mozilla donc Firefox, Flock ou Google Chrome par exemple. Allez dans Outils > Modules complémentaires et installez ces plug-ins-là :

– Yoono qui permet de visualiser vos comptes Twitter, Facebook, Flickr, MySpace, Linkedin et même MSN et Gtalk depuis un panneau vertical sur la gauche de votre navigateur. Vous recevez les updates en temps réel, vous pouvez poster un lien du web très facilement et synchroniser vos mises à jour en une seule fois. Il suffit de renseigner ses logins pour chaque réseau une seule fois.

– Shareaholic est un plug-in qui permet de mettre à jour une grande partie des sites présentés dans cet ouvrage. En cliquant sur cette icône verte vous choisissez quel site mettre à jour avec le lien de la page internet sur laquelle vous vous trouvez. Mais couplé avec un compte sur Ping.fm qui rassemble tous les logins et mots de passe de vos réseaux sociaux (voir plus haut), vous pouvez updater TOUS ces réseaux en un seul clic. Cochez donc uniquement Ping.Fm et vous retrouverez votre *update* sur Twitter, Facebook (avec une image en *preview** (en avant-première) de la page que vous postez en cochant Default), Tumblr, etc.

– Yoolink peut mettre à jour votre billet d'humeur sur Twitter, Facebook, Linkedin et Delicious en un seul clic, donc si les autres réseaux ne vous intéressent pas, cela vous suffira amplement. Cliquez sur l'icône Y et Publier avec Yoolink ;

– Echofon est à mon sens le meilleur plug-in pour Twitter. L'icône s'intègre à l'interface de Firefox en bas à droite (à côté de Gmail Notifier qui m'alerte de nouveaux messages sur Gmail et comme tous mes réseaux sont paramétrés sur ce compte, la boucle est bouclée !) et lance Twitter même si vous changez de page et sans ralentir la navigation (ce qui était le principal souci des versions précédentes). On ne peut cependant pas faire de recherche Twitter mais Shareaholic s'accompagne de buzz, relié à Twitter Search, qui relève les sujets les plus discutés sur Twitter Buzz > Real Time Trending Topics-Twitter.

– Digg Toolbar vient compléter Shareaholic si vous utilisez Digg car il *update* de la même façon ce réseau.

▶ Flock le navigateur 2.0

http://www.flock.com

Pensez à ce navigateur développé par Mozilla qui est en réalité un Firefox pour réseaux sociaux : vous avez accès aux mêmes extensions, au même style d'interface et en plus vous avez un panneau intégré avec plusieurs réseaux sociaux pré-installés : Twitter, Flickr, Facebook, Youtube, Picasa, Bebo, etc. Même si quelquefois la navigation est retardée par ce navigateur chargé à bloc, il n'y a pas mieux pour garder contact avec ses différentes communautés. Ce panneau spécial réseaux sociaux ressemble beaucoup à Yoono (le plug-in cité plus haut), vous pouvez donc trouver un contact peu importe son origine de réseau, et il est très simple de poster des liens du web puisque le clipboard* est un outil permettant de stocker vos URL favoris pour en faire profiter vos contacts à tout moment. Vous pouvez très bien configurer Flock avec votre blog Wordpress, Overblog, Blogger, etc. De plus, Flock s'engage à suivre les nouvelles tendances des réseaux sociaux, c'est donc un navigateur à retenir.

Quelles applications pour l'iPhone ?

Il existe des dizaines d'applications pour les réseaux sociaux, voici une sélection 2010 des plus pratiques. Baladez-vous sur le iTunes Store pour vous tenir informé des nouvelles applications (dans le App Store).

▶ FACEBOOK

Cette application gratuite est sans conteste la meilleure pour Facebook face à une concurrence quasi nulle (Echofon Facebook propose un Facebook ultra-simplifié : messages, lecture du mur). Il manque la lecture des vidéos, le bouton de partage de post d'un ami, et le contrôle des pages n'est pas encore actif (envoi de mises à jour, statistiques), mais mis à part ces quelques défauts, ce Facebook mobile est complet pour un contrôle à distance. Ajoutez en signet votre ou vos pages Facebook avec l'icône « + » et Pages. Dès qu'un commentaire, un message ou une invitation en ami arrivent, nous sommes prévenus par un message en push, c'est-à-dire en pop-up. Aussi, le chat fonctionne parfaitement et continue ainsi de remplacer MSN Messenger.

▶ TWITTER

Avec ses minis updates, Twitter est un site taillé pour le smartphone et en particulier pour l'iPhone qui compte plus une trentaine d'applications. Voici les plus complètes à ce jour :

› Echofon

Si vous avez un seul compte Twitter, utilisez Echofon. Tout d'abord, avec Firefox ou Chrome vous pouvez l'installer *via* le plug-in disponible sur Mozilla (voir le développement sur les plug-ins dans cette annexe) et ainsi le synchroniser avec votre iPhone pour éviter de retrouver les mêmes Tweets lorsque vous vous connectez. Ensuite, sa présentation est soignée et complète : on distingue clairement les Mentions (Replies) et Messages (DM) et contrairement à d'autres applications Twitter, lorsqu'un de vos contacts publie une *update* du style : @iamdiddy hello how are you ?, vous pouvez ici cliquer sur le '@iamdiddy' et vous rendre sur le compte Twitter de ce contact (Puff Daddy et ses millions de followers en l'occurrence). Les listes sont ultra-fluides et la Search (recherche) est divisée en tweets et users (utilisateurs), ce qui permet soit de retrouver des messages citant le mot-clé que vous cherchez, soit quelqu'un. Et toujours dans ce menu Search, on y voit les Trending topics, c'est-à-dire les sujets publiés en temps réel le plus souvent sur la *timeline* (**voir Lexique**). La version payante permet, elle, de contrôler plusieurs comptes et de ne plus voir les bannières de publicités. D'ailleurs contactez les développeurs des applications iPhone pour proposer vos propres publicités.

> Twittelator pro pour plusieurs comptes (3,99 euros)

Twitbird est une application gratuite permettant de gérer plusieurs comptes mais sa lenteur est décourageante, il est donc préférable payer pour avoir l'application la plus complète qui existe et régulièrement mis à jour : Twittelator. Cette application en version française active la vue en paysage, pratique pour mieux écrire les Tweets. Il est possible de faire une recherche de Tweets français uniquement, de publier photos, messages vocaux, smileys et vidéos pour le 3G. Dans Autre> Chercher vous trouverez des Listes existantes et des gens à proximité de vous dans un rayon de 10 km si vous avez activé la géolocalisation (vous n'aurez ainsi pas besoin de télécharger d'autres applications dont c'est la vocation comme GPSTwit par exemple).

▶ MYSPACE

Depuis que MySpace a racheté Imeem, véritable radio online, nous sommes en droit d'attendre une évolution vers le streaming de MySpace et donc de pouvoir écouter de la musique depuis cette application, ce qui en ferait une arme redoutable face à Deezer ou Spotify qui demandent un abonnement pour être accessibles depuis l'iPhone. En attendant, pour consulter les messages, photos et invitations d'amis, cette application est parfaite. En plus elle nous alerte en pop-up, mais pourquoi ne pas y avoir intégré le MySpace IM, chat de MySpace…

▶ TUMBLR

On peut publier un article posté par un contact depuis le menu (Dashboard) en cliquant sur l'image de profil de cet ami et la publication de messages, citations, photos ou URL est un jeu d'enfant sous le menu Post. Avec cette application on réalise l'énorme potentiel de Tumblr qui, mieux que Twitter, concentre des articles entiers pour les photos dans son interface puisque c'est un blog ; Twitter est une usine à liens et souvent le fait de devoir quitter l'application pour voir l'url qu'a posté un contact ne donne pas envie de se rendre sur Safari, le navigateur par défaut sur iPhone, ce qui fait perdre des clients potentiels et requiert d'être ultra-concis pour un message publicitaire.

▶ DELICIOUS

› Yummy

Cette application vous permet de retrouver tous vos favoris enregistrés sur votre compte Delicious sur iPhone par dates et par tags. Delicious sert à répertorier ainsi les articles intéressants trouvés sur le web et les lire lorsque je suis à l'extérieur avec mon iPhone. Être numéro un sur l'info de votre activité doit être votre leitmotiv.

› Bookmarks

Si vous préférez passer directement par le navigateur de l'iPhone (Safari) pour retrouver vos Favoris Delicious, vous devrez télécharger cette application, puis faire « Settings > Add Bookmarklet to Safari » (Réglages>Ajouter favoris à Safari). Les fonctions sont les mêmes que sur Yummy.

▶ DIGG

› Say What ?

Say What ? est un moteur de recherche sur Twitter et Digg. Vous lancez une recherche et s'affichent les citations les plus récentes, il est à utiliser pour trouver des discussions autour d'un sujet que l'on ne trouve pas dans les applications d'actualité telles que Yahoo! Actualités, qui souvent font du copier-coller d'autres tributaires de l'AFP ; c'est aussi ça l'intérêt des réseaux sociaux : profiter de l'information et des conseils de Monsieur X !

> Social news

Cette application regroupe les derniers articles publiés de Digg et Delicious sans la possibilité de rechercher quelque chose en particulier. Comme pour Say What ? il est regrettable de ne pas pouvoir se connecter à son compte pour éventuellement commenter ces articles mais pour se tenir informé, en anglais et sur les secteurs de la technologie et du web, il n'y a pas mieux.

▶ NETLOG

Netlog sur iPhone donne envie de plus de concentrer sur ce site communautaire d'origine belge. Cliquez sur Recherche d'amis et il va trouver pour vous en quelques minutes les contacts de votre carnet d'adresse qui sont déjà sur Netlog. Comme pour Facebook, les messages arrivent en pop-up et on peut chatter mais aussi publier des photos depuis son téléphone. Un réseau dans lequel vous pouvez développer votre activité avec une clientèle francophone.

▶ SECOND LIFE

> Sparkle IM (3,99 euros)

Avec Sparkle IM on peut rester en contact avec sa communauté issue de Second Life à tout moment. Chat, Messages directs, liste des amis, tous les outils basiques d'un réseau social y sont mais dommage que ce jeu soit trop important en terme de mémoire pour y jouer depuis un smartphone, on espère d'ailleurs que les développeurs créent la version mobile sous peine de perdre davantage de membres.

▶ LINKEDIN

Linkedin qui pourrait être moins fun que les autres réseaux sociaux puisque sa vocation est professionnelle propose en réalité l'application la mieux adaptée à un réseau social ! Par exemple il est possible de se connecter par Bluetooth à un autre contact iPhone connecté sur Linkedin (In Persong), chose que devrait intégrer Facebook pour ajouter directement des contacts lors d'un dîner ou d'un meeting. Les profils sont bien visibles et mettent en avant la photo de profil, donc n'oubliez pas de sourire pour trouver des clients ou un nouveau travail.

▶ FLICKR

❯ Flickr

Nous avons là une des plus belles applications en terme de design : un fond blanc et des photos qui arrivent en zoom automatique, une apparence fidèle au site numéro un des photos de qualité. Point important : la recherche englobe tous les résultats de Flickr contrairement à l'application Mac qui ne regroupe que les résultats de vos contacts. Il est en plus possible de les commenter ou de les publier à son tour. Les contacts sont rangés par ordre alphabétique, mais on ne peut leur envoyer un message direct. Aussi, les groupes ne sont pas accessibles. On peut en revanche facilement publier et taguer des photos depuis l'iPhone.

❯ Twitxr

Créez un compte sur Twitxr.com et ensuite chargez vos photos sur : Flickr, Facebook, Twitter et Picasa. Si vous stockez vos photos retouchées par Photoshop, Lightroom ou Aperture (programmes de retouche photo) dans le dossier de photos de l'iPhone, vous pouvez les poster sur tous ces sites depuis votre iPhone.

▶ USTREAM Recorder for iPhone 3G (gratuite)

Si le contenu de Ustream (les vidéos publiées par d'autres utilisateurs) est visible depuis l'application gratuite Ustream Viewer, Ustream Recorder sert à l'enregistrement de vidéos. Le fait de pouvoir publier depuis son iPhone est un vrai plus, on enregistre la vidéo en cliquant sur Record To Phone. Comme Facebook et Twitter publient un billet annonçant votre présence (si vous avez réglé votre profil Ustream dans ce sens), c'est une excellente façon d'interagir avec ses amis et de les divertir à tout moment de la journée, la vidéo est souvent plus marquante qu'une simple update, elle donne vie à vos paroles même si la qualité visuelle est forcément moyenne depuis l'iPhone actuel (3GS).

▶ Foursquare

Ce site commence à faire parler de lui. Géolocalisé, vous indiquez depuis votre smartphone l'endroit où vous êtes (un hôtel, musée, restaurant, etc.) et vous donnez votre avis. Ainsi, vous pouvez ajouter des membres qui se rendent dans les mêmes endroits que vous et signaler l'existence de votre commerce (ou tout autre lieu professionnel) et ainsi le référencer dans la base de données de Foursquare qui est consultée par l'ensemble des utilisateurs depuis leur smartphone ou ordinateur. Un utilisateur proche de votre lieu pourra ainsi être mis au courant de son existence.

Les sites et applications utiles

Pensez à aller sur les sites suivant pour faciliter la navigation sur internet de vos équipes commerciales, marketing et communication. Le contenu de tous sur tous les ordinateurs sera ainsi harmonisé et vous pourrez communiquer plus facilement en interne.

– **Google Wave** (googlewave.com) pour faire contribuer tous vos employés à une action déterminée. Chacun installera le plug-in sur son navigateur (Firefox par exemple) et l'application sur l'iPhone du même nom pour se tenir informé des avancées du projet. Chacun peut déposer des fichiers, médias, liens du web ; idéal pour le brainstorming.

– **Dropbox.com** qui permet de stocker des fichiers sur le web (jusqu'à 2 Go gratuitement) et de les ouvrir depuis n'importe quel ordinateur et iPhone avec un même login et mot de passe. Stocker ses fichiers de contacts et autres données professionnelles privées sur un disque dur peut être dangereux : la durée de vie d'un disque est de moins de dix ans et si par accident il prend l'eau, le café ou autre, il mourra avec vos infos !

– **Xmarks.com** est un plug-in pour navigateur (Firefox, Flock, Safari) qui sauvegarde et relie tous vos favoris et mots de passe entre plusieurs ordinateurs et navigateurs. Obligatoire si vous avez un ordinateur de bureau et un portable par exemple.

– **Meebo.com** : le chat online. Avec une seule connexion, vous pouvez discuter avec tous vos contacts MSN, Yahoo!, Facebook chat, Aim, Google Talk, MySpace IM, Jabber, Myyearbook et Icq sur la même interface. Pratique pour la discussion avec des consommateurs et entre employés au sein de l'entreprise.

Se tenir constamment informé

Les Hot trends, autrement dit les « titres à la une », sont l'essence des réseaux sociaux qui sont en passe de devenir le vecteur numéro un d'information au monde. L'actualité y est diffusée à la vitesse de la lumière. Il vous faut donc tout le temps connaître les dernières nouvelles de votre domaine.

▶ Google.com/reader

C'est le site de l'actualité sur Google. Vous retrouvez tous vos flux RSS, c'est-à-dire les billets d'information de chaque site dont vous êtes abonné. C'est là notamment que Twitter, Digg, StumbleUpon ou Delicious puisent leur inspiration pour faire des publications.

▶ Alltop.com

Ce site réalisé par Guy Kawasaki, un des comptes Twitter les plus lus, regroupe les liens les plus percutants du web en catégories d'activité. La plupart des sites de magazines professionnels y sont présents. Le design est clair et créer sa propre page Alltop est utile pour regrouper vos sujets d'intérêt favoris. Une fois inscrit, vous pouvez mettre votre page Alltop en lancement de navigateur (dans Préférences>Page d'accueil) et en faire votre journal du matin. De plus, vous pouvez vous connecter à Alltop et retrouver cette page personnalisée depuis n'importe quel ordinateur.

▶ Netvibes.com

Ce site fait tout comme Alltop mais en plus importe vos réseaux sociaux (Twitter, Facebook, MySpace, etc.) pour vous tenir informé de leur actualité (messages reçus, publication des contacts). C'est l'interface de contrôle et de visionnage des nouvelles de tous les sites du monde la plus complète, mais son design brouillon peut décourager.

▶ Les flux RSS

Un flux RSS est un fichier dont le contenu est produit automatiquement en fonction des mises à jour d'un site web. Lorsque l'on s'abonne à un flux RSS d'un site, on reçoit par e-mail les titres des dernières informations consultables en ligne du site. Dès qu'un site vous intéresse, sur sa colonne de droite souvent apparaît l'icône RSS, cliquez dessus et vous recevrez ses news en temps réel.

▶ La recherche Twitter

Depuis que Twitter occupe une place importante du web (son *data*, c'est-à-dire les informations de ses utilisateurs, est relayée sur Google, Yahoo! et Microsoft), ses utilisateurs s'amusent à y lancer les news avant tout le monde. Il s'agit surtout d'internautes qui sont abonnés à des flux RSS ou qui republient des billets émis par l'AFP et consorts. En plus des outils Twitter énoncés plus haut, vous pouvez vous rendre sur http://search.twitter.com/ ou Twazzup.com (ou encore Tweetdeck.com si vous utilisez cet outil de contrôle), des moteurs de recherche Twitter qui donne les sujets les plus évoqués, et ce en temps réel.

▶ Rencontrez d'autres entrepreneurs

Des sites dédiés aux entrepreneurs existent. Hacker News publie des articles en anglais pour aider les start-up, TheFunded et PartnerUp proposent des sujets pour développer votre business. Ces réseaux sociaux d'entreprise (ils comptent chacun environ 10 000 à 15 000 inscrits) donnent de très bonnes idées pour dynamiser votre activité dans le contexte du world wide web. Aussi, sur Twitter, voici un lien qui répertorie les listes d'entrepreneurs et autres listes de Twitter (une liste est créée par un utilisateur de Twitter et permet de répertorier les autres utilisateurs en fonction de leurs intérêts et activités) : http://listorious. com/tags/entrepreneur

▶ Quels outils de monitoring ?

Pour savoir quels programmes installer pour mesurer les retombées de votre activité sur les réseaux sociaux, rendez-vous directement sur le **chapitre 5**.

Résumé

Il est très important de s'équiper efficacement pour pénétrer l'univers des réseaux sociaux. Que ce soit sur PC, Mac ou smartphone, il est possible de travailler à toute heure de la journée avec des applications et widgets gratuits. D'ailleurs, sur le web il n'y a pas de jours off, c'est le week-end qu'il y a le plus de personnes connectées !

De plus en plus de logiciels apparaissent et permettent de piloter tous les réseaux. Tout installer ne sert à rien, allez plutôt à l'essentiel : Ping.fm pour mettre à jour tous les statuts au même temps et Tweetdeck pour guider Twitter. La page Facebook, Google Buzz et les réseaux de rencontre comme Tagged n'ont pas encore d'outils externes de pilotage, il faudra donc continuer à utiliser leurs interfaces respectives.

Aussi, connaître l'actualité de votre domaine est indispensable pour être en phase avec ce qui passionne vos consommateurs potentiels. C'est ainsi que vous deviendrez un « leader », une référence, celui que l'on ajoute en ami et que l'on suit car il apporte quelque chose à la communauté.

Lexique
des réseaux sociaux

Les réseaux sociaux ont un vocabulaire propre à leur utilisation. Ils s'inscrivent dans l'environnement du web, voici quelques termes à connaître.

Add to friends : « ajouter en ami » quelqu'un *via* le moteur de recherche du réseau, le réseau social affiche la photo du profil et il suffit de cliquer dessus pour accéder au profil complet s'il est privé, et sous réserve que le contact accepte. Sur Google Buzz et Twitter, on s'abonne aux publications d'un utilisateur pour devenir ami.

Administrer : gérer une page ou un site internet, en être le décideur ultime. L'administrateur possède les clés pour supprimer ou publier du contenu et envoyer un message à tous les membres de la page ou du site en question.

Blog : espace fourni par une plateforme de publication réservé à un internaute pour s'exprimer. Blogger c'est l'action de publier du contenu sur le web. Le blog se compose d'un titre court et d'un corps pour y poster textes ou médias.

Bookmark : mettre un URL en favori, on l'enregistre dans son navigateur comme préféré car on aime s'y rendre. Dans Delicious, chacun enregistre ses favoris en ligne.

Buzz : information qui se propage comme une traînée de poudre sur la toile, qu'elle soit vraie ou... fausse. Dans l'ère des réseaux sociaux, c'est la quête d'une entreprise.

Chat (ou IM pour messagerie instantanée) : discussions instantanées et accessibles depuis l'interface du réseau social. MSN Messenger est un exemple de messagerie indépendante de tous réseaux sociaux, comme AIM, Skype ou Yahoo! chat.

Clipboard : presse-papier, espace prévu pour stocker des liens (photos, articles, vidéos du web) sur le navigateur Flock et pour les partager ensuite avec les différentes communautés.

Codage : ou programmation consiste à se servir de la mécanique, du langage d'internet pour en réaliser le contenu.

Community manager : nouveau métier dans le web 2.0. Le community manager est le visage de l'identité d'une marque sur le web l'animateur de communautés, il doit veiller au respect de l'éthique et assurer le succès online de son entreprise.

Crowdsourcing : faire participer l'internaute à un projet, utiliser ainsi sa créativité et son savoir-faire. C'est une méthode gratuite pour faire appel à des collaborateurs extérieurs.

Dashboard : tableau de bord, coulisses d'un blog ou réseau social. Il permet d'accéder aux outils de publications et à l'activité générale de vos contacts.

Data : données. On parle de data pour qualifier les informations d'un fichier numérique.

Description tag : mots-clés placés dans le code HTML d'une page web pour la décrire. Ils permettent de classer et de référencer un site internet.

Digital distribution : vente de chansons en format numérique sur le web, le iTunes Store est, par exemple, un distributeur.

Display (Advertising) : technique marketing dans laquelle l'annonceur utilise des espaces plublicitaires préalablement déterminés sur des sites internet (bannières…) pour présenter et vendre ses produits.

Fan : sur Facebook le membre d'une page ouverte par une entreprise, un artiste ou autre entité est un fan.

Follow : pour se tenir au courant de l'actualité publiée d'un contact dans les réseaux sociaux il faut le suivre. Sur Twitter et Tumblr, il faut cliquer sur le bouton Follow pour recevoir ses updates.

Friendship Request : quelqu'un vous a fait une demande en ami. Il souhaite devenir votre contact, pouvoir publier des commentaires sur votre espace et apparaître dans votre liste d'amis.

Gravatar : service web gratuit offert par gravatar.com permettant de lier une photo à une adresse e-mail. Ainsi, à chaque fois qu'un utilisateur entre son e-mail pour la publication d'un commentaire sur un blog par exemple, l'image de son souhait sera publié de la même façon que dans un forum de discussion.

Hébergeur : entité permettant aux internautes de louer un espace pour déposer un contenu (un site web, des fichiers).

Hub : groupes de rencontres permettant à des professionnels d'échanger sur Viadeo. Ils se transforment souvent en rendez-vous réels et servent donc à élargir le réseau professionnel.

Hot topics ou Hashtags, Trending topics sur Twitter : sujets les plus commentés sur le web par les internautes. Twitter les publie sous forme de mots-clefs (ou tags) dans son propre moteur de recherche.

Leader : membre d'un réseau social entendu par un grand nombre d'abonnés

Liste Twitter : regroupement de membres Twitter autour d'un thème, catégorie (exemple : webdesign, marketing). En s'inscrivant à cette liste, un utilisateur reçoit toutes les updates des membres de la liste.

Login : e-mail ou nom choisi pour vous connecter à un site dans lequel vous êtes inscrit. Il s'accompagne généralement du mot de passe.

Meta-tag : Les méta-tags correspondent au titre, à la description, aux mots clés, etc. Ils sont indispensables pour améliorer le référencement.

Microblogging : il s'agit de blogging (publication de contenu sur le web) limitée par un certain nombre de caractères (140 à 160 en général) inspiré de la génération SMS. Le post ne comporte ainsi plus que le titre. Il ne limite pas l'expression car on peut y publier des liens vers du texte et médias.

Moteur de recherche : index du web. Pour trouver quelque chose sur internet, vous passez par ces sites : Google, Bing, Yahoo!, Ask. De plus en plus, les réseaux sociaux deviennent des moteurs de recherche sérieux car la communauté y publie des informations et les diverses entités en font un relais de leur site internet.

Mur : c'est votre livre d'or, l'espace libre de votre profil. Votre liste d'amis peut publier dessus commentaires et autres, vous en êtes le seul modérateur (vous pouvez supprimer ou ajouter du contenu).

Navigateur : logiciel qui permet à l'internaute d'afficher des pages web.

Online et Offline (marketing) : le online est l'ensemble des moyens visant à promouvoir une offre (produit et/ou services et/ou idée) grâce aux technologies internet. Le offline regroupe les opérations s'effectuant hors connexion internet.

Page rank : échelle de *0 à 10* qui mesure l'importance d'une page web : plus votre page est intéressante et plus son page rank est élevé. Plus votre page rank est élevé et plus vos pages sont bien classées dans l'index du moteur de recherche principal Google.

Password : mot de passe enregistré pour se connecter à un site.

Plug-in : logiciel qui complète un logiciel hôte pour lui apporter de nouvelles fonctionnalités. Ainsi, vous pouvez installer des modules d'extensions (ou plugin, plug-in) à un navigateur pour le doter de fonctions supplémentaires.

Podcast : technique de diffusion de fichiers sonores qui permet aux utilisateurs de s'inscrire à un flux afin de récupérer automatiquement des fichiers audio. La boutique iTunes Store offre gratuitement la lecture de podcasts déposés par les plus grandes radios. Ainsi, un internaute peut écouter à tout moment une émission passée.

Pop up : fenêtre qui s'ouvre lors de la navigation sur internet et qui vient se placer au premier plan du bureau. Ce peut être du spam ou une alerte d'un commentaire/message sur un réseau social comme le permet le programme Tweetdeck pour Twitter, Facebook, Myspace ou Linkedin.

Portfolio : catalogue de présentation en ligne.

Preview : avant-première ou pré-visualisation.

Profil : page d'un utilisateur sur un réseau social. Vous y affichez ce que vous voulez. Allez dans confidentialités sur Facebook pour contrôler ce que vous voulez publier publiquement (téléphone ? adresse ? date de naissance ?...).

Référencement : enregistrement d'un site internet dans les outils de recherche.

Reply : sur Twitter un utilisateur vous interpelle ainsi : « @+ votrenom et son message ». Sur Facebook cette fonction existe.

RT ou Partager : lien publié par un contact qui vous plaît et que vous souhaitez publier à votre tour sur votre mur, pour cela cliquez dessus !

Search : la recherche. C'est l'acte de rechercher quelque chose sur internet à l'aide d'une base de données comme le propose Google ou les réseaux sociaux qui eux proposent des moteurs de recherche interne (vous ne trouverez que ce que la communauté du réseau a publié).

SEO : **optimisation** pour les moteurs de recherche, (de l'anglais **Search engine optimization**). Ces techniques cherchent à apporter un maximum d'informations concernant le contenu d'une page web aux robots d'indexation des moteurs de recherche dans le but de les faire apparaitre dans les premières pages de résultat.

Social Tagging (Tag) : classement des publications par mots-clés. De cette façon quelqu'un sur le web peut facilement retrouver ce que vous avez publié *via* un moteur de recherche.

Socialize : ajouter des « amis » et agrandir sa communauté, être actif sur les réseaux sociaux.

Spam : message envoyé à des fins publicitaires.

Streaming : lecture de médias sur le web (audio et vidéo).

Timeline : menu défilant des updates des contacts ou de la communauté entière du réseau. (« The Wire » sur Tumblr)

Tutoriel : Explication d'un programme par une vidéo, un audio. Sur Youtube par exemple, de nombreux tutoriels de logiciels existent (exemple : comment utiliser photoshop ?)

Update ou statut ou mise à jour : mini-messages (160 caractères maximum pour être lu sur toutes les plateformes) que laissent les membres des réseaux sociaux : les messages Twitter, les billets d'humeur sur Facebook. C'est l'actualité, l'humeur, l'information d'un membre.

Uploader : télécharger un fichier sur internet : une photo, un film, une chanson, un document word. C'est l'acte d'importer sur son bureau un fichier du web.

URL : Uniform Resource Locator. Adresse unique d'une page web sur internet. Elle se présente ainsi : http://www.siteinternet.com par exemple. Toujours noter l'url avec le « http:// » pour l'activer au sein des réseaux sociaux.

Video Embed : code HTML qui permet d'exporter une vidéo issue d'un site d'hébergement vidéo vers un blog ou réseau social. Il est placé juste en dessous de l'URL de la vidéo. Sur le mur de Facebook, l'URL suffit pour que l'on voie la vidéo sur son interface Il suffit de cliquer sur l'icône « publier un lien » et mettre l'URL.

Viewer : interface de navigation de Second Life. Une fois ce programme lancé, vous entrez dans cette planète en 3D depuis votre ordinateur.

Visiteur unique : Internaute qui visite un site internet, même s'il se connecte plusieurs fois à ce même site il ne sera comptabilisé qu'une seule fois.

Web team : équipe web, il s'agit de rassembler des internautes autour d'un projet pour en assurer sa communication sur la toile. Un internaute peut devenir administrateur de la page Facebook ou avoir la possibilité de publier sur le blog officiel du projet. Intégrer les passionnés du projet en question dans ce processus peut être profitable.

Widgets : applications tierces fournies par les sites internet pour publier leur interface dans un autre site. Une excellente façon de faire connaître votre espace chez un site sur votre blog par exemple.

Webzine : un magazine au format internet.

Index

054730 - (I) - (2,5) - OSB 80° - IDT - GCO

Imprimerie Nouvelle
45800 Saint-Jean de Braye
N° d'Imprimeur : 431409J
Dépôt légal : juin 2010

Imprimé en France